ICONOCLASTES

Collection dirigée par
Alain Laurent
et Pierre Lemieux

OUTRAGE A CHEFS D'ETAT

LYSANDER SPOONER

OUTRAGE A CHEFS D'ETAT

suivi de

LE DROIT NATUREL

traduit de l'anglais par
Jeannie Carlier

Les Belles Lettres

1991

La présente édition constitue la première traduction en langue française d'œuvres de Lysander Spooner.

ISBN : 2-251-39003-0

PREFACE
Lysander Spooner face à l'Etat
nécessairement criminel

Tout gouvernement, sans exception, n'est qu'« une association
secrète de voleurs et d'assassins ».
Cette proposition n'est pas une
insulte, mais la constatation d'une
indéniable réalité, ce que démontre
Lysander Spooner avec une logique
sans faille fondée sur les principes
généraux du Droit, de la raison et
de la justice. Le grand mérite de
Lysander Spooner, son originalité
novatrice et la principale force de
son argumentation sont de ne pas
s'attaquer à un type particulier de
gouvernement, épiphénomène com-
munément jugé sur ses actes, mais
de porter le débat en amont et de
prouver l'invalidité de toute Constitution. Celle-ci s'identifierait, selon
les théoriciens de l'Etat, à un
« contrat » passé volontairement

entre individus, qui en accepte-
raient donc librement la contrainte.
Mais un tel contrat, explique Spooner, n'a jamais existé, et ses argu-
ments, qui sont de portée universelle, entraînent la conclusion
qu'un tel prétendu « contrat » ne
peut *jamais* avoir été à l'origine
d'*aucune* des constitutions qui
régissent les « démocraties »
contemporaines.

Ainsi le texte de Spooner, bien
qu'écrit pour les Américains du
siècle dernier et réfutant les principes constitutionnels des Etats-
Unis, s'adresse-t-il avec tout autant
de force aux Françaises et aux
Français d'aujourd'hui. Même si la
Constitution de la Ve République,
adoptée en 1958 à la suite d'un
putsch militaire et sous la pression
des régiments insurgés, n'invoque
pas mot pour mot le fameux *We the
people* américain, elle affirme trouver sa source, et donc sa prétendue
autorité, sa prétendue légitimité,
dans le « peuple français » — mais
quels individus sont *nommément*

le « peuple français » ? demanderait
Spooner. Comble d'ironie, dans un
étonnant glissement ontologique,
ce « peuple » fantômatique se
transforme rapidement au fil des
articles de la « Constitution » en
d'étranges entités agissantes appe-
lées « France » ou « République »,
abstractions elles-mêmes vite sup-
plantées par des titres ou dignités
(« président », « ministre », etc.)
qui organisent le fonctionnement
de la machine, bien concrète, elle, à
asservir.

Pas de doute donc : quiconque
reconnaît la justesse de la démonstration de Spooner doit admettre
que la « Constitution de la République française », loin de représenter l'expression d'une mythique
« volonté commune », n'est qu'une
escroquerie, dans le sens le plus
banal, et le plus fort, de ce mot.

Dès lors, les dictatures avouées
ou maladroitement camouflées
étant automatiquement disquali-
fiées — ou plutôt trop qualifiées...

— et les démocraties constitution-
nelles dépourvues de toute légitimité, il est évident que *tout « Etat »*
est une imposture criminelle.

Le bon citoyen, élevé dans la
peur du changement et le respect de
l'autorité policière, s'exclame
alors : « Mais ce Lysander Spooner
est un véritable anarchiste ! »

Et c'est exactement ce que fut
Lysander Spooner.

Né en 1808 dans le Nord-Est des
Etats-Unis, Lysander Spooner,
juriste de formation et de métier, se
fit d'abord connaître, dans les rangs
des militants abolitionnistes, par la
virulence de son opposition à
l'esclavage. Peu après 1840, il
fonda un service de poste privé,
« The American Letter Mail Com-
pany », ce qui déclencha la fureur
et les attaques des dirigeants du
monopole postal instauré par les
hommes de l'Etat. Dans cette lutte,
Spooner remporta tant de victoires
devant les tribunaux que le Congrès
finit par voter, le 1er juillet 1845,
une loi interdisant les postes pri-

vées. Spooner dut fermer son entreprise, qui avait cependant eu pour effet de faire baisser le prix de l'affranchissement, et il garda de cette aventure le surnom de « père du timbre bon marché ».

Dans les années qui suivirent, Spooner approfondit sa réflexion sur le prétendu « contrat social » et les origines de la Constitution. *Outrage...* en est l'aboutissement. Ecrit en 1869, publié en 1870, ce texte est marqué par le dégoût qu'inspirèrent à Spooner les horreurs et les massacres de la Guerre civile (que nous appelons « guerre de Sécession »). Pour cet adversaire irréductible de l'esclavage, la suppression de la servitude et le rétablissement des Noirs dans leurs droits légitimes d'êtres humains ne pouvaient s'identifier à ce carnage mené dans la négation du Droit des individus, et dont les instigateurs se souciaient peu du sort réel des victimes de l'esclavagisme sudiste (en fait, il fallut attendre le milieu des années 1960 pour que les Noirs américains ne fussent plus, ou à peu près..., traités comme du bétail[1]).

Après avoir détruit le mythe d'une Constitution « légitime », Spooner décida de franchir une étape logique en démontrant que toute législation est opposée au Droit, et nécessairement criminelle. Ce fut *le Droit naturel*, également publié ici pour la première fois en français, et qui parut d'abord dans *Liberty*, la revue de Benjamin Tucker, autre grand philosophe anarchiste de la fin du XIXe siècle.

A la fin de sa vie, Spooner s'efforça de construire une théorie très personnelle de la monnaie, dont le but était de permettre aux salariés qui le souhaitaient de se rendre maîtres des moyens de production, par le rachat ou la création et non par la violence.

Lysander Spooner mourut en

---

1. L'abjecte « guerre contre la drogue » de Bush, dont les Noirs sont les principales victimes, risque de rendre caduque cette remarque optimiste...

1887, sans avoir jamais rien renié de ses convictions.

Si l'œuvre de Spooner a eu une influence déterminante sur les philosophes anarchistes (ou libertariens) américains de notre temps, elle est en revanche demeurée assez méconnue de ses propres contemporains.

Pour cela, des raisons et de forme et de fond.

Pour la forme, Spooner a extrêmement peu publié — une poignée d'essais, tous très brefs — et il exprime des idées simples, claires et fortes dans une langue simple, claire et forte, à l'inverse des philosophes politiques « respectables » dont les œuvres abondantes sont rédigées dans un argot idiomatique nécessitant commentateurs, épigones et disciples pour en transmettre et révéler le sens. Spooner, lui, est immédiatement accessible à quiconque sait lire, et sans doute cette accessibilité même a-t-elle détourné de lui les individus que l'on a persuadés de l'insondable complexité des mécanismes institutionnels qui les asservissent, individus ne pouvant accepter l'idée que ce soit « aussi simple que ça », même si cela est effectivement « aussi simple que ça ».

Faut-il maintenant souligner que chez Spooner la forme est en adéquation idéale avec le fond ?

Spooner a extrêmement peu écrit parce qu'il a, en quelques dizaines de pages, exprimé absolument tout ce qui est nécessaire à l'exposé de sa démonstration, selon les principes qu'il revendique : tout mot supplémentaire serait superflu, de même que lorsqu'une équation est résolue, il n'y a aucun sens à ajouter et poursuivre des calculs.

Mais brièveté et clarté ne sont pas les seules qualités de Spooner propres à faire s'en détourner les penseurs politiques traditionnels (et les individus asservis par leurs théories). Pour prouver l'invalidité de toute Constitution et le caractère criminel de toute législation, Spooner a l'audace d'utiliser la raison et le Droit, alors qu'il est de bon ton d'employer dans le débat « politique » le raisonnement magique (« Dieu nous a donné notre Roi », « le peuple-de-gauche a sacré le Président », « l'Esprit du Vent a élu notre Guide »...), l'argument d'autorité (« l'homme doit être commandé », « les Maîtres — présidents, ministres, juges, policiers... — ont nécessairement raison puisqu'ils sont les Maîtres »), l'affirmation tautologique biaisée (« puisqu'il y a un Etat c'est qu'il faut un Etat »), la loi d'airain de l'habitude (« puisqu'on a toujours payé des impôts, il est normal d'en payer »), toutes ces catégories se mêlant admirablement en cette seule phrase : « Jésus a dit de rendre à César... », qui fonda seize siècles d'oppression.

Spooner refuse de se placer à ce niveau : il dit ce qui est juste et ce qui est criminel, point final — ce qui lui vaudra l'accusation de « manquer de profondeur ». Au contraire, transcendant l'écume des discussions superficielles sur la forme du gouvernement, il se trouve au cœur même du seul débat fondamental concernant l'Homme, aristotélicien « animal social » : savoir si l'Homme *peut* vivre dans une société pleinement libre ou *doit* vivre dans une société esclavagiste.

L'œuvre de Spooner nous révèle que nous avons toujours vécu et vivons encore dans des sociétés esclavagistes, et elle le révèle pour qu'ayant pris conscience de leur esclavage femmes et hommes se décident à rejeter leurs liens et à organiser par eux-mêmes leur liberté.

C'est là, j'en conviens, une perspective assez effrayante.

Car, après avoir détruit les cadres millénaires du prétendu « ordre social », après avoir abattu ces monstruosités flanquées de tueurs en armes que sont Constitution et législation, Lysander Spooner a la suprême insolence de ne rien « proposer à la place » ! Comment accepter que se conduise ainsi, de façon

aussi irresponsable, un véritable
« penseur politique » ! Le rôle, et le
devoir, du penseur politique fré-
quentable ne sont-ils pas de montrer quel joug nouveau remplacera,
ou renforcera, le joug ancien ? Ainsi
le conservateur et le réactionnaire
prônent-ils un Etat fort qui, par la
terreur fiscale et policière, défendra
leurs privilèges, leurs monopoles et
l'ordre moral ; le socialiste et le
communiste prônent un Etat fort
qui, par la terreur fiscale puis policière seule, fera régner la « justice
sociale » ; le soi-disant anarcho-
syndicaliste prône une « société
sans Etat »(?) dans laquelle une
mystérieuse puissance imposerait à
tous les humains un communisme
concentrationnaire.

Face à ces « grandes écoles de la
pensée politique », Lysander Spooner, qui refusait la violence agres-
sive, l'utopie, la croyance en un
homme naturellement bon et se
contentait de rappeler à ses semblables quelques évidences sur leur
nature, se révélait inclassable,

si bien qu'il était plus aisé de l'igno-rer[1].

D'autant que la pensée de Spoo-ner ne va pas sans implications déplaisantes pour un certain nombre d'individus.

Si les mots ont un sens et, malgré la confusion verbale née de notre paresse ou de notre ignorance, les mots ont effectivement un sens qui s'impose aux hommes — c'est-à-dire qu'à un moment donné un mot aura exactement et pleinement la même signification pour celui qui l'exprime et celui qui l'entend — Spooner nous désigne très précisé-ment *des* hommes et *des* femmes qui sont, dans la réalité et non à l'abri de nuées philosophiques, des voleurs et des assassins.

Ces voleurs et ces assassins sont, sans exception aucune, tous les

1. Depuis une vingtaine d'années, des philo-sophes qui ont lu Spooner ont élaboré une théorie d'une société authentiquement libre, sans Etat ni violence illégitime. Les meilleurs textes sont, à ce jour, ceux de Murray N. Rothbard, *Ethique de la Liberté* (Les Belles Lettres, 1991), et de David Friedman, *The Machinery of Freedom* (Chicago, 1989, traduction française à paraître aux Belles Lettres).

tyrans qui règnent sur terre et leurs innombrables agents d'exécution, ces bourreaux, tortionnaires, meurtriers qui ne sont que des tueurs à gages et se déguisent sous les appellations de « policiers », « magistrats », « douaniers », « agents du fisc », etc., etc.

Pour qui adopte la logique de Spooner, aucune distinction ni hiérarchie ne sont admissible entre ces criminels. Ainsi donc, entre les tyrans meurtriers *de masse*, comme, par exemple, Lénine, Hitler, Mao, etc., et leurs agents, d'une part, et les tyrans meurtriers *à la petite semaine* comme, par exemple, Bush, Thatcher, Mitterrand, et leurs agents, d'autre part, il n'y a qu'une différence de degré dans le crime, et non de nature.

« Blasphème! s'écrie le bon citoyen élevé dans la crainte de la Loi et l'amour de la police. Comment pouvez-vous mettre sur le même plan Mao, qui a fait assassiner quelques dizaines de millions de ses esclaves, et Bush, qui a tout juste fait assassiner deux mille cinq cents femmes, hommes et enfants pour installer au Panama un gouvernement fantoche à sa solde! Comment osez-vous comparer le gardien du Goulag, tortionnaire sadique qui a égorgé des centaines d'individus, au brave policier un peu vif qui, au nom de la Loi, a tué d'une balle dans le dos un suspect, d'ailleurs basané, qui courait dans la rue? Et condamner à l'égal du gestapiste le juge d'instruction qui, au nom du Code, n'a qu'une seule fois envoyé en prison un innocent dont la tête ne lui revenait pas? »

Argument stupide : ce n'est pas parce qu'il existe, ou a existé, un Monsieur X qui a fait tuer dix millions de personnes, que Monsieur Y qui a tué (ou torturé, ou emprisonné sans jugement) une seule personne cesse d'être un criminel. Ou bien faut-il admettre que les massacres des despotes disparus investissent tout despote futur du droit de commettre ici un meurtre, d'organiser là une séance de torture, sans mériter légitimement d'être traités de criminel? Et sans que ses agents, meurtriers et tortionnaires obéissant à la Loi, puissent être légitimement traités de criminels?

La vérité est que le meurtrier de masse est seulement *plus dangereux* que le meurtrier « singulier », et non *plus criminel*, mais il s'agit là d'un autre débat, crucial pour la vie des femmes et des hommes soumis à la tyrannie, puisque c'est précisément de cela que dépendent leurs chances de survie — débat qui ne peut d'aucune façon absoudre un tyran et sa cohorte de tueurs gagés.

Et c'est là sans doute la plus importante leçon que nous enseigne Lysander Spooner, la plus importante et sans doute la plus difficile à accepter tant elle va contre nos habitudes de pensée : c'est qu'il ne peut exister de *bon* maître d'esclaves, même si les esclaves sont bien nourris, bien logés, bien vêtus et jamais fouettés.

Selon les principes les plus certains de la raison, de la justice, du Droit et de la morale qui fondent la dignité humaine, tout maître d'esclaves, tout tyran, tout chef d'Etat, *quand bien même il n'exerce pas la totalité de son pouvoir sur ses esclaves ou sujets*, est nécessairement et à jamais un criminel.

« Décidément, dira le bon citoyen dressé à caresser son maître, ce Spooner, il faudrait une bonne loi pour interdire ses livres ! »

Michel DESGRANGES

Note 1. Sur les douze ou treize siècles, bien documentés, de l'Antiquité gréco-romaine, nous ne relevons que trois révoltes importantes d'esclaves. A notre connaissance, ces révoltés ne réclamèrent que leur propre liberté, mais non l'abolition de l'esclavage. Durant cette période de douze ou treize cents ans, pas une voix ne s'éleva jamais, que ce soit parmi les philosophes ou parmi les chrétiens, pour réclamer l'abolition de l'esclavage.

Note 2. Il a été imposé aux individus vivant sur le territoire appelé « France » un document tout à fait extraordinaire, qui dispose de la force contraignante par la violence des armes, et se nomme « Code pénal ». Ce « code » réprime quelques crimes réels (meurtre, viol, vol, etc.), selon une idéologie qui reflète plus le caprice des tyrans que le souci des victimes. Il réprime aussi un nombre beaucoup plus grand de crimes ou délits imaginaires — crimes ou délits sans victime (usage et vente de drogue, concubinage avec une prostituée, diverses sortes d'outrages à la pudeur (?), fabrication de monnaie dite « fausse », atteinte à la sûreté de l'Etat (!), vagabondage, mendicité, etc. etc., il y en a ainsi des dizaines de pages, et chaque jour un peu plus — il est temps d'ouvrir de nouvelles prisons). Je n'en citerai que trois extraits :

« L'offense au Président de la

République... est punie d'un emprisonnement de trois mois à un an... » (« loi » du 1er juillet 1972);

« L'offense commise publiquement envers les chefs d'Etat étrangers, les chefs de gouvernement étrangers et les ministres des Affaires étrangères d'un gouvernement étranger sera punie d'un emprisonnement de trois mois à un an... » (« décret-loi » du 30 octobre 1935 — il ne devait pas faire bon écrire du mal d'Hitler, à cette époque);

« L'outrage commis publiquement envers les ambassadeurs... accrédités près du Gouvernement de la République sera puni d'un emprisonnement de huit jours à un an... (« ordonnance » du 6 mai 1944).

On reconnaît le vrai Maître au respect qu'il exige de son esclave.

OUTRAGE
A
CHEFS D'ETAT

L'édition originale américaine de cet ouvrage a été publiée à Boston en 1870 sous le titre *No Treason — The Constitution of No Authority*.
Rééditions en 1882 (Boston), 1965 (Larkspur), 1973 et 1980 (Colorado Springs).

Dans l'édition de 1870, *The Constitution of No Authority* se présentait comme le sixième volume d'une série de traités de Lysander Spooner portant le titre générique de *No Treason*, mais, pour des raisons inconnues, les volumes III, IV et V ne furent jamais publiés.

I

La Constitution n'a nulle autorité ou obligation qui lui soit inhérente. Elle n'a nulle autorité ou obligation quelle qu'elle soit, si ce n'est comme contrat entre un homme et un autre. Or elle ne prétend même pas être un contrat entre personnes actuellement vivantes. Au plus, elle prétend être un contrat conclu entre des personnes qui vivaient il y a quatre-vingts ans. Encore ne peut-on lui supposer alors la qualité de contrat qu'entre des personnes qui avaient déjà atteint l'âge du discernement, de manière à être aptes à faire des contrats raisonnables et qui les obligent. En outre, l'histoire nous l'apprend, seule une faible portion des personnes qui vivaient alors ont été consultées sur le sujet, ou interrogées, ou autorisées à exprimer leur accord ou leur désaccord de façon quelque peu formelle. Les hommes, s'il y en eut, qui donnèrent bien leur accord formel sont tous morts aujourd'hui. Pour la plupart, ils sont morts depuis quarante, cinquante, soixante ou soixante-dix ans. *Et la Constitution, parce qu'elle était leur contrat, est morte avec eux*. Ils n'avaient ni le pouvoir naturel ni le droit naturel de rendre cette Constitution obligatoire pour leurs enfants. Non seulement il est absolument impossible, selon la nature des choses, qu'ils *lient* leur postérité, mais ils ne tentèrent même pas de le faire. Autrement dit, ce document ne prétend pas être un accord entre qui que ce soit sinon entre « les hommes » *alors* vivants ; il ne revendique pas non plus pour ces hommes, ni expressément ni implicitement, aucun droit, pouvoir ou désir de lier qui que ce soit d'autre qu'euxmêmes. Voici son langage :

A CHEFS D'ETAT

« Nous, gens des Etats-Unis [autrement dit, les gens vivant *alors* aux Etats-Unis], en vue de former une union plus parfaite, de renforcer la tranquillité à l'intérieur, de pourvoir à notre commune défense, de promouvoir le bien-être général et d'assurer à nous-mêmes *et à notre postérité* les bienfaits de la liberté, ordonnons et établissons cette Constitution pour les Etats-Unis d'Amérique. »

En premier lieu, il est clair que par ces termes l'accord *en tant qu'accord* ne prétend pas être autre chose que ce que réellement il est, à savoir un contrat entre des gens alors vivants ; et qui nécessairement ne lie, en tant que contrat, que les gens qui vivent alors. En second lieu, la formulation n'exprime ni n'implique que ceux-ci aient eu la moindre intention ou désir d'obliger leur « postérité » à vivre sous cette loi, ni qu'ils se soient imaginés revêtus du moindre droit ou pouvoir d'en user ainsi. La formule ne dit pas que leur « postérité » vivra, voudra ou devra vivre sous cette loi. Elle dit seulement, en fait, qu'en adoptant cette Constitution leurs espoirs et leurs motifs étaient qu'elle s'avérerait sans doute utile non seulement à eux-mêmes mais aussi à leur postérité, parce qu'elle promouvrait son union, sa sécurité, sa tranquillité, sa liberté, etc.

Imaginons qu'un accord soit conclu en la forme que voici :

« Nous, gens de Boston, sommes d'accord pour entretenir un fort sur l'île du Gouverneur, afin de nous protéger nous-mêmes et notre postérité contre une invasion. »

Cet accord, en tant qu'accord, ne lierait manifestement que les gens vivant alors. En second lieu, il n'affirmerait de leur part aucun droit, pouvoir ou désir d'obliger leur « postérité » à conserver un tel fort. Il indiquerait seulement que le bien-être supposé de leur postérité est l'un des motifs qui ont conduit les parties originelles à conclure cet accord.

Lorsqu'un homme dit qu'il bâtit

une maison pour lui-même et sa postérité, il ne désire pas faire croire par là qu'il a la moindre intention d'obliger sa postérité à y vivre ; et il ne faut pas non plus en inférer qu'il est stupide au point d'imaginer qu'il a le moindre droit ou pouvoir de l'y obliger. Pour ce qui la concerne, il veut seulement faire entendre par là qu'en construisant cette maison ses espoirs et ses motifs sont que ses descendants, ou du moins certains d'entre eux, jugeront propice à leur bonheur de l'habiter.

Et lorsqu'un homme dit qu'il plante un arbre pour lui-même et sa postérité, il ne veut pas faire croire par là qu'il a la moindre intention d'obliger sa postérité à en manger les fruits, et il ne faut pas non plus en inférer qu'il est assez simple d'esprit pour imaginer qu'il a le moindre droit ou pouvoir de l'y obliger. Pour ce qui la concerne, il veut seulement dire qu'en plantant cet arbre ses espoirs et ses motifs sont que les fruits seront peut-être agréables à ses descendants.

OUTRAGE

Il en va de même pour ceux qui,
à l'origine, ont adopté la Constitution. Quelles qu'aient pu être leurs
intentions personnelles, le sens
juridique des termes qu'ils
emploient, pour ce qui regarde leur
« postérité », est simplement qu'en
concluant cet accord leurs espoirs
et leurs motifs étaient qu'il puisse
se révéler utile et acceptable pour
leur postérité ; qu'il pourrait promouvoir son union, sa sécurité, sa
tranquillité et son bien-être ; et
qu'il pourrait tendre à lui « assurer
les bienfaits de la liberté ». Ces
termes n'affirment ni n'impliquent
le moins du monde aucun droit,
pouvoir ou désir, de la part des
parties qui conclurent l'accord à
l'origine, d'obliger leur « postérité » à vivre sous cette loi. S'ils
avaient voulu contraindre leur postérité à vivre sous elle, ils auraient
dit que leur objectif était non de lui
assurer « les bienfaits de la liberté »
mais de la faire esclave ; car si leur
« postérité » est contrainte de vivre
sous cette loi, ces descendants ne

sont pas autre chose que les esclaves de leurs grands-pères — grands-pères stupides, tyranniques et morts.

On ne saurait soutenir que la Constitution a établi « le peuple des Etats-Unis », pour tous les temps, en une société, une personne morale. Elle ne parle pas du « peuple » comme d'une personne morale, mais comme d'individus. Une personne morale ne parle pas d'elle-même en utilisant les mots « nous », ou « le peuple », ou « nous-mêmes ». De même, en langage juridique, une personne morale n'a pas de « postérité ». Une personne morale suppose qu'elle a en tant qu'individu unique une existence perpétuelle, et parle d'elle-même comme ayant cette sorte d'existence.

En outre, aucun groupe d'hommes, vivant à quelque moment que ce soit, n'a le pouvoir de créer une personne morale perpétuelle. Dans la pratique, une personne morale ne devient perpétuelle que par l'accession volontaire de nouveaux membres à la mort des anciens. Sans cette accession volontaire de nouveaux membres, nécessairement la personne morale meurt par la mort de ceux qui originellement la composaient.

Par conséquent, sur le plan juridique, il n'y a, dans la Constitution, rien qui affirme lier ou qui tente de lier la « postérité » de ceux qui l'ont établie.

Dès lors que ceux qui ont établi la Constitution n'avaient pas le pouvoir de lier leur postérité et n'ont pas cherché à le faire, il faut se demander si leur postérité s'est liée elle-même. Si elle l'a fait, elle n'a pu le faire que de l'une des deux manières que voici, à savoir par le vote ou par l'impôt.

II

Considérons donc séparément ces deux éléments, le vote et le paiement des impôts. Et d'abord le vote.

A CHEFS D'ETAT

Comme le montrent les considérations suivantes, tous les scrutins
qui ont jamais eu lieu selon la
Constitution ont été de telle nature
que non seulement ils n'obligeaient
pas le peuple dans son entier à soutenir la Constitution, mais ils
n'obligeaient même pas les individus pris séparément.

1. Par la nature même des
choses, l'acte de voter ne saurait lier
que les personnes mêmes qui
votent. Or, compte tenu des conditions de propriété requises, il est
probable que, durant les vingt ou
trente premières années où la
Constitution a été en vigueur, le
dixième, le quinzième au plus, ou
même peut-être le vingtième de la
population tout entière (Noirs et
Blancs, hommes, femmes et
mineurs) fut autorisé à voter. Par
conséquent, pour ce qui concerne
le vote, le dixième, le quinzième ou
le vingtième au plus de ceux qui
vivaient alors aurait pu se trouver
en quelque manière obligé de soutenir la Constitution.

OUTRAGE

Aujourd'hui, il est probable qu'un sixième au plus de la population entière est autorisé à voter. Par conséquent, pour ce qui concerne le vote, les autres cinq sixièmes n'ont aucunement promis de soutenir la Constitution.

2. Parmi le sixième qui est autorisé à voter, il n'y a sans doute pas plus des deux tiers (soit environ le neuvième de la population tout entière) qui votent régulièrement. Nombreux sont ceux qui ne votent jamais. Nombreux sont ceux qui ne votent qu'une fois en deux, trois, cinq ou dix ans, dans les périodes de grande passion.

Aucun individu ne peut être dit engagé par son vote pour une période plus longue que celle pour laquelle il vote. Supposons que j'élise un homme à une charge qui doit durer un an ; on ne saurait prétendre que par là je me suis engagé à soutenir le gouvernement au-delà de cette période. Par conséquent, en se fondant sur les votes réellement exprimés, on ne saurait prétendre que, dans la population tout entière, plus du neuvième ou du huitième environ se trouve de façon quelconque dans l'obligation de soutenir la Constitution.

3. On ne saurait prétendre que par son vote un homme s'engage à soutenir la Constitution à moins que l'acte de voter n'ait été de sa part parfaitement volontaire. Or, pour un très grand nombre de personnes qui votent réellement, l'acte de voter ne peut être à proprement parler appelé volontaire. C'est une nécessité qui leur est imposée par d'autres plutôt qu'un acte né de leur propre choix. Sur ce point je répéterai ce que j'ai dit dans un précédent essai[1], à savoir :

« En vérité, dans le cas des individus, leur vote réellement exprimé n'est pas à prendre comme une preuve de leur consentement, *même pour le moment où ils l'expriment*. Tout au contraire, il faut considérer que, sans qu'on lui ait même demandé son consentement, l'individu se trouve de toutes parts entouré par un gouvernement auquel il ne saurait résister ; un gouvernement qui, sous peine de châtiments graves, l'oblige à donner son argent et ses services, et à renoncer à exercer quantité de droits qui lui sont naturels. Il voit, en outre, que c'est grâce au vote que d'autres hommes exercent sur lui cette tyrannie. Il voit encore que, si seulement il est disposé à utiliser lui-même le vote, il a une chance de se délivrer quelque peu de la tyrannie des autres en les soumettant à la sienne propre. Bref, il se trouve, sans l'avoir voulu, dans une situation telle que s'il utilise le vote, il sera peut-être un maître ; s'il ne l'utilise pas, il sera nécessairement un esclave. Et il n'a pas d'autres solutions que ces deux-là. En légitime défense il essaie la première. Son cas est semblable à celui d'un homme qui a été obligé d'engager une bataille dans laquelle il doit ou tuer ou être tué. De ce que, pour sauver sa propre vie, cet homme cherche à ôter la vie à ses adversaires, on ne saurait conclure que c'est là une bataille qu'il a lui-même choisie. De la même façon, dans les batailles par le bulletin de vote — bulletin qui n'est qu'un simple substitut de la balle de pistolet —, de ce qu'un homme utilise le vote, seul moyen qu'il ait de se sauver, on ne saurait conclure que c'est là une bataille dans laquelle il s'est volontairement engagé ; qu'il a volontairement mis en jeu tous ses droits naturels, comme une mise balançant la mise des autres, mise qu'il va perdre ou gagner par la simple force du nombre. Tout au contraire, il faut considérer que, dans une contrainte qui lui a été imposée par autrui, et dans laquelle il n'a pas d'autres moyens de se défendre, il utilise, par nécessité, le seul moyen qui lui ait été laissé.

« Sans aucun doute les plus misérables des hommes, soumis au gouvernement le plus tyrannique qu'il y ait au monde, si on leur permet de voter, utiliseront ce moyen, s'ils y voient quelque chance d'améliorer par là leur condition. Il ne serait par conséquent pas légitime d'en conclure que le gouvernement même qui les écrase était un gouvernement que ces hommes avaient volontairement établi, ou auquel ils avaient seulement consenti.

« Par conséquent le vote exprimé par un homme, sous la Constitution des Etats-Unis, ne saurait être considéré comme une preuve qu'il a jamais librement donné son assentiment à cette Constitution, *fût-ce pour le moment même où il exprime ce vote*. Par conséquent, même en ne considérant que ceux qui, aux Etats-Unis, expriment leur vote, nous n'avons pas de preuve qu'aucune portion quelque peu étendue de ces votants ait réellement et volontairement donné son assentiment à la Constitution, *fût-ce pour le moment même*. Il est impossible que nous ayons jamais une telle preuve aussi longtemps que tout homme ne sera pas laissé parfaitement libre de consentir ou non, sans courir le risque de voir ses biens ou sa personne troublés ou maltraités par d'autres. »

Comme il nous est impossible de distinguer légalement ceux qui votent par libre choix de ceux qui votent à cause de la contrainte qu'on leur impose, nous ne saurions légalement connaître, à propos de n'importe quel individu en particulier, s'il a voté par libre choix ; ni, par conséquent, si par son vote il a consenti ou s'est engagé à soutenir le gouvernement. Légalement parlant, donc, l'acte de voter n'engage en aucune façon qui que ce soit à soutenir le gouvernement. Il ne prouve en aucune façon que le gouvernement repose sur le soutien volontaire de qui que ce soit. Selon les principes généraux du Droit et de la raison, on ne saurait dire que le gouvernement a quelque partisan volontaire que ce soit, tant que n'a pas été déterminé clairement qui sont ses partisans volontaires.

4. Comme l'impôt est obligatoire pour tous, qu'ils votent ou
non, une large proportion de ceux
qui votent le font sans aucun doute
pour éviter que leur propre argent
ne soit utilisé contre eux ; alors que,
en fait, ils se fussent volontiers abs-
tenus de voter, si par là ils avaient
pu échapper ne serait-ce qu'à
l'impôt, sans parler de toutes les
autres usurpations et tyrannies du
gouvernement. Prendre le bien
d'un homme sans son accord, puis
conclure à son consentement parce
qu'il tente, en votant, d'empêcher
que son bien ne soit utilisé pour lui
faire tort, voilà une preuve bien
insuffisante de son consentement à
soutenir la Constitution. Ce n'est
en réalité aucunement une preuve.
Et comme nous n'avons pas de
moyens légaux de déterminer qui
sont les individus particuliers — s'il
s'en trouve — qui sont disposés à
payer des impôts en échange de leur
vote, nous ne saurions avoir aucune
certitude légale qu'un seul individu
déterminé consent à payer des

impôts en échange de son vote ; ou, par conséquent, à soutenir la Constitution.

5. Lors de presque toutes les élections, les suffrages pour la même charge sont dispersés sur divers candidats. De ceux qui votent pour le candidat non élu on ne saurait dire à proprement parler qu'ils ont voté pour soutenir la Constitution. On pourrait, avec de meilleures raisons, supposer qu'ils ont voté, non pour soutenir la Constitution, mais avec l'intention spécifique d'éviter la tyrannie que le candidat élu s'apprête, pensent-ils, à pratiquer à leurs dépens sous le couvert de la Constitution ; et par conséquent on peut raisonnablement supposer qu'ils ont voté *contre* la Constitution. Cette supposition est d'autant plus raisonnable qu'un tel vote est le seul moyen qui leur est laissé pour exprimer leur désaccord avec la Constitution.

6. Quantité de votes vont ordinairement à des candidats qui n'ont aucune chance de l'emporter. On

peut raisonnablement supposer que ceux qui ont voté de la sorte l'ont fait avec l'intention spécifique, non de soutenir la Constitution, mais d'empêcher son application ; et, par conséquent, qu'ils ont voté *contre* la Constitution.

7. Comme tous les votes sont exprimés secrètement (par scrutin secret), il n'existe aucun moyen légal de connaître, grâce aux votes, qui vote pour et qui vote contre la Constitution. Par conséquent, le vote n'apporte aucune preuve légale que tel individu particulier soutient la Constitution. Puisqu'il n'y a aucune preuve légale qu'aucun individu particulier soutienne la Constitution, on ne saurait légalement affirmer qu'elle est soutenue par qui que ce soit. Il est manifestement impossible de fournir aucune preuve légale des intentions de vastes quantités d'hommes là où il n'existe aucune preuve légale des intentions d'un quelconque individu particulier parmi eux.

8. Puisqu'il n'existe aucune

preuve légale des intentions exprimées par le vote de qui que ce soit, nous ne pouvons que les conjecturer. Par conjecture, il est probable qu'une proportion très large des votants a voté selon le principe suivant : pourvu que par leur vote ils puissent être assurés d'avoir le gouvernement entre leurs mains (ou celles de leurs amis), et ainsi d'utiliser son pouvoir contre leurs adversaires, ils soutiendront volontairement la Constitution ; mais si leurs adversaires doivent avoir le pouvoir, et l'utiliser contre eux, ils ne seront *pas* disposés à la soutenir volontairement.

Bref, il est incontestable que, dans la plupart des cas, le soutien volontaire accordé à la Constitution dépend absolument de ceci : par le moyen de la Constitution, se fera-t-on maître ou sera-t-on fait esclave ?

En droit et raison, un consentement aussi dépendant n'en est pas un.

9. Puisque tous les hommes qui

soutiennent la Constitution en votant (pour autant qu'il existe de tels hommes) le font secrètement (par scrutin secret), et de manière à éviter toute responsabilité personnelle pour l'action de leurs agents ou représentants, on ne saurait dire en droit ou en raison qu'il existe un seul homme qui soutienne la Constitution en votant. D'aucun homme on ne saurait en raison ou en droit affirmer qu'il approuve bien ou soutient bien la Constitution, *à moins qu'il ne le fasse ouvertement, et d'une manière qui le rende personnellement responsable pour les actes de ses agents aussi longtemps que ceux-ci agissent dans les limites du pouvoir qu'il leur a délégué.*

10. Puisque tout vote est secret (par scrutin secret), et puisque tout gouvernement secret est par nécessité une association secrète de voleurs, tyrans et assassins, le fait général que notre gouvernement, dans la pratique, opère par le moyen d'un tel vote prouve seulement qu'il y a parmi nous une asso-

ciation secrète de voleurs, tyrans et assassins, dont le but est de voler, asservir et — s'il le faut pour accomplir leurs desseins — assassiner le reste de la population. Le simple fait qu'une telle association existe ne prouve en rien que « le peuple des Etats-Unis », ni aucun individu parmi ce peuple, soutienne volontairement la Constitution.

Pour toutes les raisons qu'on vient de dire, le vote ne fournit aucune preuve légale sur l'identité des individus particuliers (à supposer qu'il en existe) qui soutiennent volontairement la Constitution. Par conséquent, il ne fournit aucune preuve légale que qui que ce soit la soutienne volontairement.

Donc, jusqu'à présent, pour ce qui concerne le vote, la Constitution n'a sur le plan légal aucun partisan quel qu'il soit.

En réalité, il n'y a pas la moindre probabilité que la Constitution ait un seul partisan authentique dans tout le pays. Autrement dit, il n'y a pas la moindre probabilité qu'il y ait dans tout le pays un seul homme qui à la fois comprenne ce qu'est réellement la Constitution et *la soutienne sincèrement pour ce qu'elle est réellement*.

Les partisans visibles de la Constitution, comme les partisans visibles de la plupart des autres gouvernements, se rangent dans trois catégories, à savoir : 1. Les scélérats, classe nombreuse et active ; le gouvernement est pour eux un instrument qu'ils utiliseront pour s'agrandir ou s'enrichir ; 2. Les dupes — vaste catégorie, sans nul doute, dont chaque membre, parce qu'on lui attribue une voix sur des millions pour décider ce qu'il peut faire de sa personne et de ses biens, et parce qu'on l'autorise à avoir, pour voler, asservir et assassiner autrui, cette même voix que d'autres ont pour le voler, l'asservir et l'assassiner, est assez sot pour imaginer qu'il est « un homme libre », un « souverain » ; assez sot pour imaginer que ce gouvernement est « un gouvernement libre », « un gouvernement de l'égalité des droits », « le meilleur gouvernement qu'il y ait sur terre »[2], et autres absurdités de ce genre ; 3. Une catégorie qui a quelque intelligence des vices du gouvernement, mais qui ou bien ne sait comment s'en débarrasser, ou bien ne choisit pas de sacrifier ses intérêts privés au point de se dévouer sérieusement et gravement à la tâche de promouvoir un changement.

III

Puisqu'il est obligatoire, le paiement des impôts ne fournit de toute évidence aucune preuve que quiconque soutienne volontairement la Constitution.

1. Certes, selon la *théorie* qui apparaît dans notre Constitution, tous les impôts sont payés volontairement ; notre gouvernement est une compagnie d'assurance mutuelle, à laquelle chacun adhère

volontairement par un accord avec les autres ; chacun conclut un contrat libre et absolument volontaire avec toutes les autres personnes qui sont parties prenantes dans la Constitution, contrat visant à payer tant pour obtenir telle protection, de la même façon qu'il en use avec toute autre compagnie d'assurance ; et il est tout aussi libre de ne pas être protégé et de ne pas payer l'impôt, qu'il l'est de payer l'impôt, et d'obtenir protection.

Or, cette théorie relative à notre gouvernement est entièrement différente de la pratique réelle. Le fait est que le gouvernement, comme un bandit de grand chemin, dit à un individu : « La bourse ou la vie. » Quantité de taxes, ou même la plupart, sont payées sous la contrainte d'une telle menace.

Le gouvernement, il est vrai, n'arrête pas l'homme dans un endroit solitaire, ne lui saute pas dessus depuis le bord du chemin, et n'entreprend pas, sous la menace d'un pistolet, de lui vider les poches. Mais le vol n'en est pas moins du vol, et un vol bien plus lâche et honteux.

Le bandit de grand chemin assume lui-même la responsabilité, le danger et le crime que comporte son acte. Il ne prétend pas avoir le moindre droit à votre argent, il ne soutient pas qu'il l'utilisera dans votre intérêt. Il ne prétend pas être quoi que ce soit d'autre qu'un voleur. Il n'a pas acquis assez d'impudence pour professer qu'il n'est qu'un « protecteur », et qu'il prend aux gens leur argent contre leur gré dans l'unique but de « protéger » ces voyageurs extravagants qui se croient parfaitement capables de se protéger eux-mêmes, ou qui n'apprécient pas son système particulier de protection. Il est bien trop raisonnable pour professer de telles prétentions. En outre, après avoir pris votre argent, il vous laisse là, comme vous le souhaitez. Il ne persiste pas à vous suivre le long de la route contre votre volonté, supposant qu'il est votre « souverain » légitime en raison de la « protection » qu'il vous accorde. Il ne continue pas de vous « protéger » en vous ordonnant de vous incliner devant lui et de lui obéir ; en vous enjoignant de faire ceci, et vous interdisant de faire cela ; en vous dérobant encore plus d'argent toutes les fois qu'il juge avoir intérêt ou plaisir à le faire ; et en vous marquant d'infamie par le nom de rebelle, traître et ennemi de la patrie, en vous fusillant sans merci, si vous contestez son autorité ou résistez à ses exigences. Il est — ce brigand de grand chemin — trop gentilhomme pour perpétrer des impostures, insultes et vilenies telles que celles-là. Bref, lorsqu'il vous vole, il n'entreprend pas en outre de faire de vous sa dupe ou son esclave.

Les procédés de ces voleurs et assassins qui se font appeler « le gouvernement » sont exactement à l'opposé de ceux qu'utilise le bandit isolé.

En premier lieu, à la différence

des bandits, ces gens du gouvernement ne se font pas individuellement connaître ; et par conséquent,
ils n'assument pas personnellement
la responsabilité de leurs actes.
Tout au contraire, secrètement (par
scrutin secret) ils désignent tel
d'entre eux pour commettre le vol
en leur nom, tandis qu'eux-mêmes
restent presque entièrement cachés. Voici ce qu'ils disent à la personne ainsi désignée :

« Allez trouver A... B..., et
dites-lui que "le gouvernement" a
besoin d'argent pour les dépenses
qu'entraîne la protection de sa personne et de ses biens. S'il a l'audace
de dire qu'il n'a jamais passé
contrat avec nous pour que nous le
protégions, qu'il ne veut pas de
notre protection, dites-lui que c'est
là notre affaire et non la sienne ; que
nous avons *choisi* de le protéger,
qu'il en ait envie ou non ; et qu'en
outre nous exigeons d'être payés
pour le protéger. S'il ose demander
quels sont les gens qui ont entrepris
de se faire appeler "le gouverne-

ment" et entendent le protéger, et en demander paiement, sans que jamais il ait passé contrat avec eux, dites-lui qu'une fois encore c'est notre affaire et non la sienne; que nous n'avons pas *choisi* de nous faire connaître *individuellement* de lui; que secrètement (par scrutin secret) nous vous avons nommé comme notre agent pour lui notifier nos exigences, et, s'il s'y soumet, lui remettre un reçu qui le protégera de toute demande semblable pour l'année courante. S'il refuse de se soumettre, saisissez une part suffisante de ses biens pour pouvoir en tirer non seulement la somme que nous exigeons, mais encore de quoi payer vos propres dépenses et votre peine. S'il s'oppose à la saisie de ses biens, appelez à la rescousse les spectateurs (sans nul doute quelques-uns se trouveront être membres de notre association). Si, défendant ses biens, il venait à tuer un membre quelconque de notre association qui vous prête main-forte, emparez-vous de lui à tout prix ; accusez-le de meurtre (devant l'un de nos tribunaux) ; condamnez-le et pendez-le. S'il faisait appel à ses voisins, ou à d'autres qui, comme lui, pourraient être enclins à résister à nos exigences, et qu'ils viennent en grand nombre à son aide, criez qu'ils sont tous des rebelles et des traîtres ; que "notre pays" est en danger ; appelez le chef de nos assassins à gages ; dites-lui de réprimer la rébellion et de "sauver le pays", quelque prix qu'il en coûte. Dites-lui de tuer tous ceux qui résistent, fussent-ils des dizaines de milliers ; et par là frappez de terreur tous ceux qui sont semblablement disposés. Veillez à ce que la tâche meurtrière soit entièrement accomplie ; en sorte que nous n'ayons plus d'autres troubles de ce genre par la suite. Lorsque ces traîtres auront compris notre force et notre détermination, ils seront de bons et loyaux citoyens pendant des années, et paieront leurs impôts sans demander quoi ni qu'est-ce. »

OUTRAGE

C'est par une semblable contrainte que sont payés les impôts, comme ils les appellent. Quelle preuve fournit le paiement des impôts de ce que le peuple accepte de soutenir « le gouvernement », c'est ce qu'il n'est point besoin de discuter davantage.

2. Il est une autre raison pour laquelle le paiement de l'impôt ne suppose aucun consentement, ou aucun engagement à soutenir le gouvernement : c'est que le contribuable ne sait pas et n'a aucun moyen de savoir qui sont les individus particuliers qui composent « le gouvernement ». Pour lui « le gouvernement » est un mythe, une abstraction, un incorporel, avec lequel il ne saurait passer contrat, auquel il ne saurait accorder son consentement, envers lequel il ne saurait s'engager. Il ne le connaît qu'au travers de ses prétendus agents. « Le gouvernement » lui-même, il ne le voit jamais. Certes, il sait bien, par la voix commune, que certaines personnes, ayant atteint

un certain âge, sont autorisées à voter ; et donc à prendre part au gouvernement, ou s'y opposer (si c'est leur choix) pour le moment présent. Mais lesquels votent réellement, et comment chacun vote (si c'est pour ou contre le gouvernement), il s'en sait rien, puisque le vote est entièrement secret (par scrutin secret). Il n'a donc aucun moyen de savoir qui, dans la pratique, compose « le gouvernement » au moment présent. Bien entendu, il ne saurait donc passer contrat avec ces gens, leur donner son accord, s'engager envers eux. De toute nécessité, par conséquent, le fait qu'il leur paie l'impôt n'implique de sa part aucun contrat, aucun consentement, aucun engagement à les soutenir — autrement dit, à soutenir « le gouvernement » ou la Constitution.

3. Ne sachant pas quels sont les individus particuliers qui se nomment « le gouvernement », le contribuable ne sait pas à qui il paie ses impôts. Tout ce qu'il sait, c'est

qu'un homme vient le trouver, se disant l'agent du « gouvernement » — autrement dit, l'agent d'une association secrète de voleurs et d'assassins qui se font appeler « le gouvernement », et ont décidé de tuer quiconque refuse de leur donner tout l'argent qu'ils exigent. Pour sauver sa vie, le contribuable livre cette somme à cet agent. Mais comme l'agent ne fait pas connaître individuellement ses mandants au contribuable, celui-ci, après avoir livré son argent, n'en sait pas plus qu'auparavant sur ce qu'est « le gouvernement » — autrement dit, sur l'identité des gens qui le volent. Par conséquent, dire qu'en livrant son argent à leur mandataire il a conclu avec eux un contrat volontaire, qu'il s'est engagé à leur obéir, à les soutenir, et à leur donner dans l'avenir tout l'argent qu'ils pourraient réclamer, c'est simplement ridicule.

4. Tout pouvoir politique, comme on l'appelle, se fonde en pratique sur cette question

A CHEFS D'ETAT

d'argent. N'importe quel groupe de scélérats, pourvu qu'ils aient assez d'argent pour l'entreprendre, peuvent décider qu'ils sont un « gouvernement » ; car, pourvu qu'ils aient de l'argent, ils peuvent engager des soldats, et utiliser ces soldats pour extorquer davantage d'argent, et ainsi contraindre tout le monde à obéir à leurs volontés. César a dit à propos de la guerre que l'argent et les soldats se soutiennent mutuellement, que l'argent lui permettait d'engager des soldats et les soldats d'extorquer de l'argent : il en va de même pour le gouvernement. Ainsi ces scélérats qui se font appeler le gouvernement savent fort bien que leur pouvoir se fonde essentiellement sur l'argent. L'argent leur permet d'engager des soldats ; les soldats leur permettent d'extorquer de l'argent. Lorsque leur autorité est contestée, le premier usage qu'ils font toujours de l'argent, c'est d'engager des soldats pour tuer ou soumettre tous ceux qui leur refusent davantage d'argent.

OUTRAGE

Pour cette raison, quiconque veut être libre devrait comprendre ces faits d'une importance capitale, à savoir : 1. Que tout homme qui met de l'argent entre les mains d'un (soi-disant) « gouvernement » lui met en main une épée qui sera utilisée contre lui-même, pour lui extorquer encore plus d'argent, et pour le maintenir assujetti aux volontés arbitraires de ce gouvernement. 2. Que ceux qui prendront son argent, dès l'abord sans son consentement, l'utiliseront pour le voler et l'asservir davantage, si dans l'avenir il a l'audace de résister à leurs exigences. 3. Qu'il est parfaitement absurde de supposer que n'importe quel groupe d'hommes prendra jamais l'argent d'un individu sans son consentement pour les raisons qu'ils avancent, à savoir pour le protéger ; car pourquoi voudraient-ils le protéger, s'il ne souhaite pas qu'ils le fassent ? Supposer qu'ils le protégeront est exactement aussi absurde que d'imaginer qu'ils lui prendront son argent sans son consentement afin de lui acheter de la nourriture ou des vêtements, alors qu'il ne le souhaite pas. 4. Que si un homme souhaite une « protection », il est à même de conclure ses propres arrangements à cet effet ; et personne n'a aucune raison de le voler afin de le « protéger » contre sa volonté. 5. Que l'unique garantie certaine que puissent avoir les hommes de leur liberté politique consiste pour eux à garder leur argent dans leur poche jusqu'au jour où ils auront l'assurance, parfaitement satisfaisante à leurs yeux, que cet argent sera utilisé comme ils le souhaitent, pour leur avantage, non à leur détriment. 6. Qu'à aucun gouvernement on ne peut raisonnablement accorder confiance un seul instant, qu'à aucun gouvernement on ne peut attribuer des objectifs honnêtes, dès lors qu'il cesse de dépendre d'un souhait totalement volontaire.

Ces faits sont si importants et si visibles qu'on ne saurait raisonnablement supposer que quiconque donnerait volontairement de l'argent à un « gouvernement » dans le but d'assurer sa propre protection, à moins qu'il n'ait conclu avec ce gouvernement un contrat explicite et purement volontaire à cet effet.

Il est donc parfaitement évident que ni le vote ni le paiement des impôts tels qu'ils se pratiquent réellement ne prouvent le consentement ou l'obligation de qui que ce soit à soutenir la Constitution. Par conséquent nous n'avons absolument aucune preuve que la Constitution ait pouvoir de lier quiconque, ou que quiconque soit soumis à quelque contrat ou obligation que ce soit visant à la soutenir. En conclusion, personne n'est obligé de soutenir la Constitution.

IV

Non seulement la Constitution ne lie personne aujourd'hui, mais elle n'a jamais lié personne. Elle n'a jamais lié personne parce que personne ne lui a jamais accordé son consentement dans des conditions propres à la rendre obligatoire selon les principes généraux du Droit et de la raison.

Selon un principe général du Droit et de la raison, un document *écrit* ne lie personne tant qu'il n'est pas signé. Ce principe est si inflexible que, si un homme ne sait pas écrire son nom, il faut néanmoins, pour qu'il se trouve lié par un contrat écrit, qu'il y « mette sa marque ». Cette coutume s'est établie il y a des siècles, alors que peu d'hommes savaient écrire leur nom ; en un temps où un clerc, c'est-à-dire un homme sachant écrire, était une personne si rare et précieuse que, même lorsqu'il avait commis de grands crimes, il avait droit au pardon, pour le motif que le public ne pouvait se passer de ses services. Même à cette époque, un contrat écrit devait nécessairement être signé, et les gens qui ne savaient pas écrire « mettaient leur marque », ou encore signaient leurs contrats en apposant leur sceau sur les cires fixées au parchemin sur lequel étaient écrits leurs contrats. D'où la coutume d'apposer un sceau, qui s'est perpétuée jusqu'à nos jours.

Le Droit affirme et la raison déclare que si un document écrit n'est pas signé, il faut présumer que celui qui devait se lier par ce document n'a pas voulu le signer, ou se lier par lui. Le Droit et la raison ensemble le laissent libre jusqu'au dernier moment, celui où il décidera s'il va signer ou non. Ni le Droit ni la raison ne requièrent ni ne supposent qu'un homme donne son accord à un document *avant que ce document ne soit écrit* ; car avant le moment où il est écrit, cet homme ne saurait en connaître précisément la teneur en droit. Après que le document est écrit, et que l'homme a eu l'occasion de s'informer de son exacte teneur en droit, alors, et alors seulement, on s'attend à ce qu'il donne son accord ou le refuse.

A CHEFS D'ETAT

Si *alors* il ne signe pas le document, on suppose que c'est parce qu'il ne désire pas conclure un tel contrat. Le fait que le document a été écrit pour qu'il le signe, ou avec l'espoir qu'il le signera, n'a aucune valeur.

Jusqu'où iraient la fraude et les procès, s'il était possible à une des parties d'apporter devant le tribunal un document écrit, aucunement signé, et de prétendre le faire appliquer, pour la raison qu'il a été écrit en vue d'être signé par un autre homme ? parce que cet autre homme a promis de le signer ? parce qu'il aurait dû le signer ? parce qu'il a eu l'occasion de le signer, l'eût-il voulu ? mais qu'il a refusé ou négligé de le faire ? Or c'est le plus qui se puisse jamais dire de notre Constitution[3]. Les juges eux-mêmes, qui affirment dériver toute leur autorité de la Constitution — d'un document que personne n'a jamais signé — mépriseraient tout autre document non signé qu'on leur apporterait pour en juger.

En outre, avant qu'un document

écrit puisse lier la partie qui l'a
établi, il est nécessaire, en droit et
en raison, que ce document soit non
seulement signé mais aussi remis à
la partie à l'avantage de laquelle il a
été établi (ou à l'un de ses représentants). La signature est sans effet si
le document n'est pas remis. Et
l'une des parties est parfaitement
libre de refuser de remettre un
document écrit après l'avoir signé.
Elle est aussi libre de refuser de le
remettre qu'elle l'est de refuser de
le signer. Non seulement la Constitution n'a jamais été signée par quiconque, mais elle n'a jamais été
remise par quiconque à l'agent ou
au mandataire de qui que ce soit.
Par conséquent elle ne saurait avoir
plus de valeur en tant que contrat
que tout autre document qui n'eût
jamais été ni signé ni remis.

V

Les faits suivants sont des
preuves pertinentes de ce que, dans
l'usage général de l'humanité, il y a

chez tous les hommes une nécessité pratique que tous les contrats *importants*, spécialement ceux dont la nature est permanente, soient à la fois écrits et signés.

Depuis près de deux siècles — depuis 1677 — il existe dans le Code des lois de l'Angleterre une loi — et la même loi, pour la substance sinon exactement pour la lettre, a été répétée, et est maintenant en vigueur dans presque tous les Etats de notre Union sinon tous — dont la teneur générale consiste à affirmer qu'on n'entreprendra aucune action visant à faire appliquer un contrat de la catégorie la plus importante *s'il n'est pas mis par écrit, et signé par les parties qui seront liées par ce contrat*[4].

Le principe exprimé par cette loi, notons-le, n'est pas seulement que tous les contrats doivent être signés, mais aussi que tous les contrats, excepté ceux qui sont spécifiquement exemptés — généralement ceux qui concernent de petites sommes et ne seront applicables que peu de temps — *seront à la fois écrits et signés.*

Sur ce point les raisons qui ont amené à établir cette règle sont qu'il est désormais si facile de mettre un contrat par écrit et de le signer, et que ne pas le faire ouvre la porte à tant d'incertitudes, fraudes et procès, qu'on ne saurait autoriser les hommes qui négligent de faire mettre par écrit et signer leurs contrats (ceux qui sont de grande importance) à utiliser les tribunaux pour les faire appliquer. Cette règle est sage ; et l'expérience confirme qu'elle est sage et nécessaire, puisqu'elle est en vigueur en Angleterre depuis près de deux cents ans, que son adoption dans notre pays est très près d'être universelle, et que nul ne songe à l'abolir.

De plus, nous le savons tous, la plupart des hommes ont grand soin de faire écrire et signer leurs contrats même lorsque cette loi ne les y oblige pas. Ainsi, la plupart des hommes, si on leur doit de l'argent, fût-ce une somme de cinq ou dix dollars, prennent soin de le mettre par écrit. S'ils achètent de la marchandise, même pour un faible montant, et la paient à la réception, ils se font faire une facture acquittée. S'ils versent une faible somme pour équilibrer des comptes, ou régler toute autre dette minime auparavant contractée, ils s'en font faire un reçu écrit.

En outre, partout (probablement) dans notre pays, de même qu'en Angleterre, la loi exige que toute une catégorie de contrats, tels que testaments, actes notariés, etc., soient non seulement écrits et signés, mais en outre scellés, conclus devant témoins et authentifiés. Lorsqu'une femme mariée cède ses droits à un bien foncier, dans plusieurs Etats la loi exige que la femme comparaisse séparément, sans son mari, et déclare qu'elle signe son contrat en toute liberté, exempte de toute crainte ou de toute contrainte exercée par son époux.

Telles sont quelques-unes des

précautions qu'exigent les lois, et que prennent les individus — pour des raisons de prudence ordinaire, même dans les cas non requis par la loi —, afin de mettre leurs contrats par écrit, de les faire signer et de se prémunir contre toutes les incertitudes et controverses concernant leur sens et leur validité. Or, nous avons un document — la Constitution — qui veut et prétend être un contrat, ou dont on prétend qu'il est un contrat ; un document rédigé il y a quatre-vingts ans, par des hommes qui sont tous morts aujourd'hui ; et n'ont jamais eu aucun pouvoir de nous lier *nous* ; un document qui (prétend-on) a néanmoins lié trois générations, soit des millions d'hommes, et qui (prétend-on) va lier tous les millions d'hommes à venir ; mais que personne n'a jamais signé, scellé, remis, authentifié par un témoignage ou autrement ; un document que des gens qui ne sont qu'une poignée, comparés au nombre total de personnes qu'on veut qu'il lie, ont jamais lu, ou même vu, ou verront ou liront jamais. Et parmi ceux qui l'ont jamais lu, ou le liront jamais, à peine deux personnes, et peut-être même pas deux personnes, ont jamais été d'accord ou seront jamais d'accord sur ce qu'il signifie.

En outre, ce supposé contrat — qui ne serait jamais accepté par aucune cour de justice siégeant par l'autorité de ce même contrat, si on l'avançait pour attester une somme de cinq dollars due par un homme à un autre —, ce contrat, dis-je, *tel qu'il est généralement interprété par ceux qui prétendent l'appliquer*, est celui par quoi tous les hommes, femmes et enfants à travers tout ce pays et dans tous les temps abandonnent non seulement tous leurs biens, mais aussi leur liberté, et même leur vie, entre les mains d'hommes qui par ce supposé contrat sont expressément exemptés de toute responsabilité pour l'usage qu'ils font des personnes et des biens à eux livrés. Et nous sommes assez fous, ou assez mauvais, pour détruire des biens et des vies sans limites, lorsque nous combattons pour obliger des hommes à remplir un supposé contrat qui, puisqu'il n'a jamais été signé par quiconque, n'est, selon les principes généraux du Droit et de la raison — ces principes qui nous gouvernent tous lorsqu'il s'agit d'autres contrats — qu'un morceau de papier sans valeur, incapable de lier personne, bon seulement à jeter au feu ; ou, si on voulait le garder, à conserver seulement pour témoigner et avertir de la folie et de la méchanceté du genre humain.

VI

Il n'est pas exagéré, mais c'est au contraire vérité littérale, de dire que par la Constitution — *non comme je l'interprète, mais comme le font ceux qui prétendent l'appliquer* — les biens, la liberté et la vie du peuple des Etats-Unis tout entier sont livrés sans réserves entre les mains d'hommes qui, la Constitution le prévoit, n'auront jamais à « rendre compte » de l'usage qu'ils en font.

Ainsi la Constitution (art. I, sec. 6) prévoit que « pour les discours ou débats (ou votes) qui auront lieu dans l'une ou l'autre chambre, ils (les sénateurs et les représentants) n'auront à rendre compte en aucun autre endroit ».

Le pouvoir législatif tout entier est donné à ces sénateurs et représentants (lorsqu'ils agissent par un vote des deux tiers[5]) ; et cette clause les protège de toute responsabilité pour les lois qu'ils rédigent.

La Constitution leur donne les moyens d'assurer l'application de toutes leurs lois, en les autorisant à priver de salaire, à révoquer et à renvoyer tous les officiers de la justice et de l'administration qui refuseraient de les appliquer.

Ainsi donc le pouvoir gouvernemental tout entier est entre leurs mains, et on leur a ôté absolument toute responsabilité pour l'usage qu'ils en font. Qu'est-ce donc que cela, sinon un pouvoir absolu, irresponsable ?

On ne saurait objecter à cet argument que ces hommes se sont engagés par serment à user de leur pouvoir dans de certaines limites ; car en quoi se soucient-ils ou devraient-ils se soucier de serments ou de limites lorsqu'il est expressément prévu par la Constitution elle-même qu'ils n'auront jamais à « rendre compte » ou à être tenus pour responsables en quelque façon que ce soit, s'ils violent leur serment, ou transgressent ces limites ?

On ne saurait non plus objecter à cet argument qu'on peut changer tous les deux ou six ans les individus particuliers qui détiennent ce pouvoir ; car le pouvoir de chaque ensemble d'hommes est absolu pour le temps qu'ils le détiennent ; et lorsqu'ils doivent s'en dessaisir leur succèdent des hommes dont le pouvoir sera tout aussi absolu et irresponsable.

On ne saurait non plus objecter que les hommes qui détiennent ce pouvoir absolu et irresponsable sont nécessairement des hommes choisis par le peuple (ou une partie du peuple) pour le détenir. Un homme autorisé à se choisir un nouveau maître après un intervalle de quelques années n'en est pas moins esclave. De même, des gens auxquels il est permis de se choisir périodiquement de nouveaux maîtres n'en sont pas moins esclaves. Ce qui en fait des esclaves, c'est qu'ils sont et seront désormais pour toujours entre les mains d'hommes qui détiennent sur eux un pouvoir qui est et sera toujours absolu et irresponsable[6].

Le droit de domination absolue et irresponsable est le droit de propriété, et le droit de propriété est le droit de domination absolue et irresponsable. Les deux sont identiques ; l'un implique nécessairement l'autre. Aucun des deux ne peut exister sans l'autre. Si donc le Congrès possède le pouvoir absolu et irresponsable de faire les lois, droit que la Constitution lui accorde — selon l'interprétation qu'ils en donnent — cela signifie nécessairement que le Congrès nous possède comme on possède une chose. S'il nous possède comme on possède une chose, il est notre maître, et sa volonté est notre loi. S'il ne nous possède pas comme on possède une chose, il n'est pas notre maître, et sa volonté, comme telle, n'a pas d'autorité sur nous.

Or ces hommes qui revendiquent et exercent sur nous cette domination absolue et irresponsable n'osent pas se montrer cohérents, et revendiquer aussi qu'ils sont nos maîtres, ou qu'ils nous possèdent comme on possède une chose. Ils déclarent qu'ils ne sont que nos serviteurs, agents, mandataires et représentants. Cette déclaration comporte une absurdité, une contradiction. Nul ne peut être mon serviteur, agent, mandataire ou représentant et être en même temps soustrait à mon contrôle et non responsable de ses actes devant moi. Peu importe que je l'aie nommé, et investi de tout pouvoir. Si je l'ai soustrait à mon contrôle et lui ai ôté toute responsabilité devant moi, il n'est plus mon serviteur, agent, mandataire ou représentant. Si je lui ai donné un pouvoir absolu et sans responsabilité sur ma propriété, je lui ai donné ma propriété. Si je lui ai donné un pouvoir absolu et sans responsabilité sur moi-même, j'en ai fait mon maître, et je me suis livré à lui comme esclave. Et il importe peu que je l'appelle maître ou serviteur, agent ou propriétaire. La seule question est celle-ci : quel pouvoir ai-je mis entre ses mains ? Etait-ce un pouvoir absolu et sans responsabilité, ou limité et responsable ?

Il y a une autre raison encore qui fait qu'ils ne sont pas nos serviteurs, agents, mandataires ou représentants. Cette raison est que nous ne nous attribuons pas non plus la responsabilité de leurs actes. Si un homme est mon serviteur,

agent ou mandataire, nécessairement je prends la responsabilité de
tous les actes qu'il accomplit dans la
limite du pouvoir dont je l'ai
revêtu. Si, en tant que mon agent,
je l'ai revêtu d'un pouvoir absolu,
ou d'un pouvoir quel qu'il soit sur
les personnes ou les biens d'autres
que moi-même, par nécessité j'ai
par là même pris la responsabilité
devant ces autres personnes de tout
le mal qu'il pourrait leur faire,
pourvu qu'il agisse dans les limites
du pouvoir dont je l'ai revêtu. Or
aucun individu qui se trouverait
lésé dans sa personne ou ses biens
par des actes du Congrès ne peut se
tourner vers l'électeur individuel,
et le tenir pour responsable de ces
actes accomplis pas les soi-disant
agents ou représentants de cet électeur. Ce qui prouve que ces prétendus agents du peuple, ou de tout le
monde, ne sont en fait les agents de
personne.

Si donc personne n'est individuellement responsable des actes
du Congrès, les membres du

Congrès ne sont les agents de personne. S'ils ne sont les agents de
personne, ils sont eux-mêmes individuellement responsables de leurs
propres actes, et des actes de tous
ceux qu'ils emploient. L'autorité
qu'ils exercent n'est que leur
propre autorité individuelle ; et par
la loi de la nature — qui est la plus
haute de toutes les lois — toute
personne lésée par leurs actes, ou
privée par eux de son bien ou de sa
liberté, a le même droit de les en
tenir pour individuellement responsables que pour n'importe
quelle autre personne outrepassant
son droit. Elle a le même droit à
leur résister, à eux et à leurs agents,
qu'elle a à résister à n'importe
quelle autre personne outrepassant
son droit.

VII

Il est donc clair, selon les principes généraux du Droit et de la
raison — ces principes auxquels
nous nous conformons tous devant

les tribunaux et dans la vie quoti-
dienne — que la Constitution n'est
pas un contrat ; qu'elle ne lie et n'a
jamais lié personne ; et que tous
ceux qui prétendent fonder leurs
actes sur son autorité agissent en
réalité sans aucune autorité légitime ; que, selon les principes généraux du Droit et de la raison, ce
sont des usurpateurs purs et
simples, et que chacun a non seulement le droit, mais encore le devoir
moral de les traiter comme tels.

Si les gens de ce pays veulent
conserver la sorte de gouvernement
que décrit la Constitution, il n'y a
pas la moindre raison qui les
empêche de signer ce document lui-
même, et de faire ainsi connaître
leurs souhaits d'une manière
ouverte et authentique ; de façon à
se conformer à ce que le sens
commun et l'expérience de l'humanité ont jugé raisonnable et nécessaire dans de tels cas ; *et de manière
à prendre eux-mêmes individuellement, comme il convient, la responsabilité des actes du gouvernement.*

Mais jamais on n'a demandé aux gens de signer ce document. Et la seule raison pour laquelle on ne leur a jamais demandé de le signer, c'est qu'on savait bien qu'ils ne l'auraient jamais fait ; qu'ils n'étaient pas aussi fous ni aussi mauvais qu'il fallait l'être pour accepter de le signer ; que (du moins tel qu'il a été interprété dans la pratique) ce n'est pas ce qu'un homme intelligent et honnête souhaite pour lui-même ; ni non plus ce qu'il a le droit d'imposer à autrui. Du point de vue moral, la Constitution est tout aussi dépourvue de toute obligation que les pactes que concluent entre eux les bandits, voleurs et pirates, mais sans jamais les signer.

Si une portion considérable de la population estime que la Constitution est bonne, pourquoi ces gens ne la signent-ils pas, ne font-ils pas des lois pour eux-mêmes, qu'ils s'appliqueront les uns aux autres, laissant en paix les autres personnes (qui ne les troublent en rien) ? Tant qu'ils ne l'ont pas expérimentée sur eux-mêmes, comment ont-ils l'audace d'imposer ou seulement de recommander la Constitution à autrui ? Manifestement, la raison de cette conduite si absurde et incohérente est que, s'ils soutiennent la Constitution, ce n'est pas seulement en vue de tout usage honnête et légitime pour eux-mêmes et les autres, mais en vue du pouvoir malhonnête et illégitime qu'elle leur donne sur la personne et les biens d'autrui. Sans cette dernière raison, tous leurs éloges de la Constitution, toutes leurs exhortations, tout l'argent et le sang qu'ils dépensent pour la soutenir n'existeraient pas.

VIII

Ainsi donc, la Constitution elle-même n'ayant aucune autorité, sur quelle autorité notre gouvernement repose-t-il dans la pratique ? Sur quoi les gens qui prétendent l'administrer se fondent-ils pour revendiquer le droit de saisir les

A CHEFS D'ETAT

biens des individus, de limiter leur
liberté naturelle d'agir, de travailler
et commercer, et pour revendiquer
le droit de tuer tous ceux qui jugent
illégitime leur pouvoir de disposer
des biens, de la liberté et de la vie
des hommes selon leurs bon plaisir ?

Le plus qu'ils puissent dire, en
réponse à cette question, est
qu'environ la moitié, les deux tiers
ou les trois quarts des mâles adultes
de ce pays ont conclu entre eux un
accord tacite prévoyant qu'ils vont
conserver un gouvernement
conforme à la Constitution ; qu'ils
vont, par vote, choisir les personnes qui l'appliqueront ; et que
les personnes qui auront obtenu la
majorité, ou un grand nombre de
leurs suffrages, agiront comme
leurs représentants, et appliqueront
la Constitution en leur nom, et par
leur autorité.

Mais cet accord tacite (à supposer qu'il existe) ne justifie aucunement la conclusion qu'on en
tire. Un accord tacite entre A, B et

OUTRAGE

C, selon lequel ils vont, par leur vote, choisir D comme leur agent afin de me priver de mon bien, de ma liberté ou de ma vie, ne saurait donner autorité à D pour en user ainsi. Il n'est pas moins voleur, tyran et assassin lorsqu'il prétend agir comme leur agent qu'il ne le serait s'il avouait agir sous sa seule responsabilité.

Je ne suis pas davantage obligé de le reconnaître comme leur agent, et il n'a aucun droit légitime à se prétendre leur agent, alors qu'il n'apporte aucun document *écrit* l'accréditant en cette qualité. Je ne suis aucunement obligé de le croire sur parole, lorsqu'il me dit quels sont ses mandants, ou qu'il a quelque mandant que ce soit. Puisqu'il n'apporte aucun document l'accréditant, j'ai le droit de dire qu'il n'a même pas l'autorité qu'il prétend avoir ; et qu'il s'apprête donc à me voler, asservir et assassiner pour son propre compte.

Cet accord tacite entre les électeurs de ce pays ne fournit donc aucune autorité à leurs agents. De même, les scrutins par lesquels ils choisissent leurs agents ne valent pas plus que leur accord tacite ; car leurs votes sont exprimés en secret, et donc d'une manière qui leur évite de porter aucunement la responsabilité personnelle des actes de leurs agents.

D'aucun corps constitué on ne saurait dire qu'il donne autorité à un homme d'agir comme son agent, au détriment d'une tierce personne, s'il ne l'a pas fait d'une manière ouverte et authentique, de façon à prendre lui-même la responsabilité des actes de cet agent. Aucun des électeurs de ce pays n'élit ses agents politiques d'une manière ouverte et authentique, ou d'aucune autre manière qui lui ferait porter la responsabilité de leurs actes. Par conséquent ces prétendus agents ne sauraient légitimement prétendre être de véritables agents. Il faut que quelqu'un soit responsable des actes de ces prétendus agents ; s'ils sont hors d'état de montrer aucune preuve ouverte et authentique qu'ils ont été accrédités par leurs mandants, on ne saurait dire, en droit et en raison, qu'ils ont quelque mandant que ce soit. La maxime s'applique ici, qui veut que ce qui ne se voit pas n'existe pas. S'ils ne montrent pas de mandant, ils n'ont pas de mandant.

Mais ces prétendus agents ne savent pas eux-mêmes qui sont leurs prétendus mandants. Ceux-ci agissent en secret ; car agir par scrutin secret, c'est agir en secret tout autant que s'ils se réunissaient en secret conclave dans l'obscurité de la nuit. Ils sont personnellement aussi inconnus des agents qu'ils choisissent qu'ils le sont du reste de la population. Par conséquent aucun prétendu agent n'est même en mesure de savoir par quelles voix il a été choisi, et donc qui sont ses véritables mandants. Puisqu'il ne sait pas qui sont ses mandants, il n'a pas le droit de dire qu'il a des mandants. Tout au plus peut-il dire qu'il est l'agent d'une association secrète de voleurs et d'assassins, qui, par le genre de pacte qui a cours dans les sociétés de malfaiteurs, sont obligés de le soutenir si ses actes, accomplis en leur nom, rencontrent une résistance.

Les hommes qui ont entrepris honnêtement d'établir la justice dans le monde n'ont point de raison d'agir de cette façon secrète ; ou de nommer des agents pour accomplir les actes dont eux-mêmes (les mandants) ne veulent pas porter la responsabilité.

Le scrutin secret produit un gouvernement secret ; un gouvernement secret est une association secrète de voleurs et d'assassins. Mieux vaut encore un despotisme avoué. Le despote se présente tout seul à la face de tous et déclare : « L'Etat c'est moi. Ma volonté est la loi. Je suis votre maître. Je prends la responsabilité de mes actes. Le seul arbitre que je reconnaisse est l'épée. Si quiconque conteste mon droit, qu'il tire l'épée. »

OUTRAGE

Mais un gouvernement secret n'est guère autre chose qu'un gouvernement d'assassins. Sous lui, l'homme ignore à quels tyrans il est soumis, jusqu'au moment où ils l'ont frappé, et peut-être même au-delà. Peut-être soupçonnera-t-il, dès avant, quelques-uns de ses voisins immédiats. Mais il ne sait rien de sûr. L'homme auprès de qui il chercherait le plus naturellement refuge et protection se révélera peut-être un ennemi, lorsque viendra le temps de l'épreuve.

Voilà la sorte de gouvernement que nous avons ; et c'est sans doute le seul que nous aurons jamais, jusqu'au jour où les hommes seront prêts à dire : « Nous n'accepterons aucune Constitution, excepté une Constitution telle que nous puissions la signer sans honte et sans crainte ; et nous n'autoriserons aucun gouvernement à faire en notre nom quoi que ce soit dont nous ne souhaitions pas porter personnellement la responsabilité. »

A CHEFS D'ETAT

IX

Pourquoi le scrutin est-il secret ? Pour une raison et une seule : comme tous les gens associés dans le crime, ceux qui utilisent le scrutin ne sont pas des amis, mais des ennemis ; et ils ont peur d'être connus, et que les actes qu'ils accomplissent individuellement soient connus, même de leurs associés. Ils parviennent à établir entre eux assez de complicité pour agir de concert au détriment d'autres personnes ; mais au-delà de cela il n'y a entre eux aucune confiance, aucune amitié. En fait, ils sont tout aussi empressés à se dépouiller les uns les autres par leurs machinations qu'à dépouiller ceux qui n'appartiennent pas à leur bande. Et il est parfaitement entendu qu'en de certaines circonstances le parti le plus fort parmi eux fera tuer les membres des autres partis par dizaines de milliers — ce qu'ils firent il y a peu* — pour accomplir

* Lysander Spooner évoque ici la Guerre civile dite « guerre de Sécession » (*N.d.T*).

les plans ourdis contre eux. C'est pourquoi ils ont peur d'être connus, ou que leurs actions individuelles soient connues, même entre eux. Et c'est, de leur propre aveu, la seule raison qui justifie le scrutin secret ; qui justifie un gouvernement secret ; qui justifie le gouvernement d'une association secrète de voleurs et d'assassins. Et nous sommes assez fous pour appeler cela liberté ! Faire partie de cette association secrète de voleurs et d'assassins est considéré comme un privilège et un honneur ! S'il est privé de ce privilège l'homme passe pour un esclave ; s'il en jouit, c'est un homme libre ! Un homme libre, parce que le pouvoir qu'a autrui de le voler, asservir et assassiner secrètement (par scrutin secret), ce pouvoir il l'a lui aussi sur autrui ! Voilà ce qu'on nomme l'égalité des droits !

Si un nombre d'hommes, grand ou petit, revendique le droit de gouverner le peuple de ce pays, qu'ils concluent et signent ouverte-

A CHEFS D'ETAT

ment entre eux une convention à cet effet. Qu'ils se fassent individuellement connaître par ceux qu'ils veulent gouverner. Et qu'ils prennent ainsi ouvertement la responsabilité légitime de leurs actes. Combien le feront, parmi ceux qui aujourd'hui soutiennent la Constitution? Combien auront l'audace de proclamer ouvertement leur droit de gouverner? ou de prendre la responsabilité légitime de leurs actes? Aucun!

X

Il est clair que, selon les principes généraux du Droit et de la raison, il n'existe rien qui ressemble à un gouvernement créé par ou reposant sur un quelconque consentement, ou une convention ou un accord passé par « le peuple des Etats-Unis » avec lui-même; que le seul gouvernement visible, tangible et responsable qui existe est celui d'un petit nombre d'individus, qui agissent de concert, et se font appeler de noms divers tels que sénateurs, représentants, présidents, juges, huissiers, trésoriers, percepteurs, généraux, colonels, capitaines, etc., etc.

Selon les principes généraux du Droit et de la raison, il n'importe aucunement que ces quelques individus prétendent être les agents et représentants du « peuple des Etats-Unis », puisqu'ils sont incapables de montrer les documents par lesquels ce peuple les accréditerait comme tels ; jamais ils n'ont été nommés en qualité d'agents ou représentants en aucune façon ouverte, authentique ; eux-mêmes ne savent pas et n'ont aucun moyen de savoir et de prouver qui sont individuellement leurs mandants (comme ils les appellent) ; et par conséquent on ne saurait dire, en droit et en raison, qu'ils en aient aucun.

En outre il est clair que, si ces prétendus mandants ont jamais nommé ces prétendus agents, ou représentants, ils les ont nommés

A CHEFS D'ETAT

en secret (par scrutin secret), et de manière à éviter toute responsabilité personnelle pour leurs actes ; que, de plus, ces prétendus mandants mettent en avant ces prétendus agents pour les projets les plus criminels, à savoir : dépouiller les hommes de leurs biens, et limiter leur liberté ; et que la seule autorité qui permette à ces prétendus mandants d'en user ainsi, c'est simplement *l'accord tacite* conclu entre eux, selon lequel ils vont emprisonner, fusiller ou pendre tout homme qui résiste aux exactions et contraintes que lui imposeront leurs agents ou représentants.

Il est donc évident que le seul gouvernement visible et tangible que nous ayons est fait de ces soi-disant agents ou représentants d'une association secrète de voleurs et d'assassins qui, pour couvrir ou dissimuler leurs vols et leurs assassinats, se sont attribué le titre de « peuple des Etats-Unis » ; et qui, sous prétexte qu'ils sont « le peuple des Etats-Unis », revendiquent le droit de soumettre à leur domination, de diriger et de manipuler à leur gré tous les biens et personnes qui se trouvent sur le territoire des Etats-Unis.

XI

Selon les principes généraux du Droit et de la raison, le serment par lequel ces prétendus agents du peuple s'engagent à « soutenir la Constitution » n'a aucune validité ni aucun pouvoir de lier. Pourquoi ? Pour cette raison au moins, *qu'ils ne prêtent serment à personne*. Il n'y a aucune reconnaissance, aucun consentement ou accord mutuels entre ceux qui prêtent ces serments et toute autre personne.

Si je vais sur la place publique de Boston, et qu'en présence de cent mille personnes, hommes, femmes et enfants, avec lesquels je n'ai aucun contrat sur le sujet, je m'engage par serment à leur appliquer les lois de Moïse, de Lycurgue, de Solon, de Justinien ou d'Alfred, ce serment, selon les principes généraux du Droit et de la raison, n'a aucun pouvoir d'obligation. Il n'en a aucun, non seulement parce qu'il est intrinsèquement criminel, *mais aussi parce qu'il n'est prêté à personne*, et que par conséquent ma promesse n'est engagée à personne. C'est un serment fait au vent.

La situation n'en serait nullement modifiée si l'on disait que parmi ces centaines de milliers de personnes en présence desquelles j'ai prêté serment, il existe deux, trois ou cinq mille adultes mâles qui *secrètement* — par bulletin secret, et de façon à éviter d'être *individuellement* connus de moi, ou des centaines de milliers d'autres — m'ont désigné comme leur agent pour gouverner, contrôler, piller et s'il le faut assassiner ces centaines de milliers de gens. Le fait qu'ils m'ont désigné secrètement, et de façon à ce que je ne puisse les connaître individuellement, empêche toute communauté entre eux et moi ; et par conséquent rend impossible tout contrat, ou toute promesse de fidélité de ma part à leur égard ; car il est impossible que je promette fidélité, en quelque sens juridique que ce soit, à un homme que je ne connais ni ne puis aucunement connaître individuellement.

Par conséquent, pour ce qui me concerne, ces deux, trois ou cinq milliers de personnes sont une association secrète de voleurs et d'assassins, qui secrètement, de manière à s'épargner toute responsabilité pour mes actes, m'ont désigné comme leur agent, et, par quelque autre agent, ou prétendu agent, m'ont fait connaître leurs volontés. Puisqu'ils restent individuellement inconnus de moi, et qu'ils n'ont aucun contrat ouvert et authentique avec moi, selon les principes généraux du Droit et de la raison mon serment n'engage aucunement ma fidélité envers eux. S'il n'engage pas ma fidélité envers eux, il ne l'engage envers personne. Mon serment n'est que du vent. Au mieux c'est un engagement de fidélité envers une association inconnue de voleurs et d'assassins, et par ce serment je reconnais publiquement que je suis l'instrument de leurs vols et assassinats. Ce serment n'a pas plus de pouvoir de lier qu'aucun serment de ce genre prêté à toute autre bande inconnue de pirates, voleurs et assassins.

Pour tous ces motifs, selon les principes généraux du Droit et de la raison, les serments par lesquels les membres du Congrès s'engagent à « soutenir la Constitution » sont sans aucune valeur. Non seulement ils sont intrinsèquement criminels, et pour cette raison nuls et non avenus, mais ils sont nuls pour la raison supplémentaire *qu'ils ne sont prêtés à personne*.

On ne saurait dire, en aucun sens légitime ou légal, que ces serments sont prêtés au « peuple des Etats-Unis », puisque ni l'ensemble ni quelque importante portion de l'ensemble du peuple des Etats-Unis n'a jamais, ouvertement ou secrètement, nommé ou désigné ces gens pour mettre en application la Constitution. Le gros du peuple — je veux dire, hommes, femmes et enfants — n'a jamais été engagé ni même autorisé à indiquer de manière *formelle*, ni ouvertement ni secrètement, son choix ou son désir sur ce sujet. Le plus que puissent dire les membres du Congrès quant à leur nomination est ceci, que chacun d'eux peut dire de lui-même :

« J'ai des preuves, à mes yeux satisfaisantes, qu'il existe, dispersée dans le pays, une bande d'hommes qui ont entre eux un accord tacite, et qui se font appeler "le peuple des Etats-Unis" ; ces gens ont pour objectif général de se gouverner et de se piller les uns les autres, ainsi que tous les autres habitants de ce pays — et, autant qu'ils le pourront, ceux des pays voisins ; et de tuer tout homme qui tentera de défendre sa personne et ses biens contre leurs machinations visant à voler et dominer. Ce que sont *individuellement* ces hommes, je n'ai pas le moyen de le savoir avec certitude, car ils ne signent aucun papier, et ne donnent aucune preuve ouverte et authentique de leur appartenance individuelle. Ils ne se connaissent même pas individuellement entre eux. Apparemment, ils craignent tout autant de se connaître individuellement entre eux que d'être connus des autres gens. C'est pourquoi ordinairement leur seule manière d'exercer ou de faire connaître leur appartenance individuelle consiste à voter secrètement pour certains agents chargés d'accomplir leur volonté. Mais bien que ces hommes soient individuellement inconnus tant d'eux-mêmes que des autres gens, il est généralement admis dans le pays que seuls les mâles âgés de vingt et un ans et plus ont le droit d'appartenir à ce groupe. De même il est généralement admis que *tous* les mâles nés dans ce pays, ayant une certaine couleur de peau, et (en certains lieux) une quantité de biens déterminée, et (en certains cas) même ceux qui sont nés à l'étranger, sont *autorisés* à faire partie de ce groupe. Cependant, il apparaît qu'ordinairement seuls une moitié, ou deux tiers, ou en certains cas trois quarts de tous ceux qui sont ainsi autorisés à faire partie de la bande utilisent jamais leur qualité de membre, et par conséquent font la preuve de cette qualité, de la seule manière qu'ils puissent ordinairement l'utiliser et la prouver, à savoir en votant en secret pour les officiers ou agents de la bande. Le nombre de ces votes secrets, pour autant que nous le connaissions, varie grandement d'une année à l'autre, et tend donc à prouver que la bande n'est pas une organisation permanente, mais plutôt un arrangement provisoire concernant ceux qui choisissent provisoirement d'en faire partie. Le nombre total de ces votes secrets, ou ce qu'on prétend être leur nombre total, dans les diverses localités, est parfois rendu public. Nous n'avons aucun moyen de véri-

fier si ces données sont exactes ou
non. On suppose généralement que
de nombreuses fraudes sont com-
mises lors des scrutins. Il est entendu que les votes sont reçus et
comptés par certaines personnes
qui sont nommées à cet effet par le
même processus secret qui est en
usage pour choisir tous les autres
officiers et agents de la bande.
Selon les rapports faits par ceux qui
ont reçu les votes (gens dont je ne
peux toutefois garantir la précision
et l'honnêteté), et selon ce que je
sais du nombre total des mâles
"dans mon district" qui (suppose-
t-on) furent autorisés à voter, il
semble que la moitié, les deux tiers
ou les trois quarts ont effectivement
voté. Ce que sont individuellement
ces gens qui ont voté, je n'en ai pas
connaissance, car tout s'est passé en
secret. Mais, parmi les suffrages
secrets ainsi exprimés pour ce
qu'ils appellent un "membre du
Congrès", ceux qui les ont reçus
disent que j'ai eu la majorité, ou du
moins un plus grand nombre de

voix que toute autre personne. Et c'est uniquement en vertu d'une telle désignation que je me trouve maintenant ici, pour agir de concert avec d'autres personnes choisies de la même façon dans d'autres parties du pays. Il est entendu entre ceux qui m'ont envoyé ici que toutes les personnes ainsi choisies, lorsqu'elles se réuniront dans la ville de Washington, s'engageront par serment en présence de toutes les autres à "soutenir la Constitution des Etats-Unis". Par là on veut parler d'un certain document qui fut rédigé il y a quatre-vingts ans. Ce document n'a jamais été signé par personne, et apparemment il n'a pas et n'a jamais eu le moindre pouvoir de lier à la façon d'un contrat. En fait, peu de gens l'ont jamais lu et sans aucun doute la plus grande partie, et de loin, des gens qui ont voté pour moi et pour les autres ne l'ont jamais vu, ou ne prétendent pas savoir ce qu'il signifie. Néanmoins, il arrive souvent dans ce pays qu'on le nomme "la

Constitution des Etats-Unis"; et pour une raison quelconque, les gens qui m'ont envoyé ici semblent s'attendre à ce que moi-même, et les autres gens avec lesquels j'agis, nous nous engagions par serment à mettre en application cette Constitution. Je suis donc disposé à prêter ce serment, et à coopérer avec toutes les autres personnes choisies de la même manière qui sont disposées à prêter le même serment. »

Voilà tout ce que peut dire un membre du Congrès pour prouver qu'il a bien des électeurs; qu'il représente bien quelqu'un; que son serment de « soutenir la Constitution » est bien *prêté à quelqu'un*, ou engage sa fidélité *envers quelqu'un*. Il n'a aucune preuve ouverte, écrite, ou autrement authentique, telle qu'on en exige dans tous les autres cas, qu'il a jamais été nommé agent ou représentant de qui que ce soit. Il n'a procuration écrite d'aucun individu en particulier. Il n'a pas le genre de garantie juridique, exigée dans tous les autres cas, qui lui permettrait d'identifier un seul de ceux qui prétendent l'avoir nommé pour les représenter.

Bien entendu, le serment, prétendument prêté à ces gens-là, par lequel il s'engage à « soutenir la Constitution », n'est, selon les principes généraux du Droit et de la raison, qu'un serment prêté à personne. Il ne promet fidélité à personne. S'il ne respecte pas son serment, personne ne peut s'avancer et lui dire : « Vous m'avez trahi, vous avez manqué à la promesse que vous m'aviez faite. »

Personne ne peut s'avancer et lui dire : « Je vous ai nommé comme mon représentant chargé d'agir en mon nom. J'ai exigé que, en tant que mon représentant, vous prêtiez serment de soutenir la Constitution. Vous m'avez promis de le faire ; aujourd'hui vous avez manqué au serment que vous m'aviez fait. » Aucun individu en particulier ne peut lui parler ainsi.

Aucune association, aucun groupe d'hommes ouvert, reconnu

ou responsable ne peut s'avancer et lui dire : « Nous vous avons nommé comme notre représentant, chargé d'agir en notre nom. Nous avons exigé que, en tant que notre représentant, vous juriez de soutenir la Constitution. Vous nous avez promis de le faire ; aujourd'hui vous avez manqué au serment que vous nous aviez fait. »

Aucune association, aucun groupe d'hommes ouvert, reconnu ou responsable ne peut lui parler ainsi, parce qu'une telle association, un tel groupe d'hommes, n'existe pas. Si qui que ce soit affirme qu'il existe une telle association, qu'il donne, s'il le peut, des preuves de ceux qui la composent. Qu'il produise, s'il le peut, un contrat ouvert, écrit ou autrement authentifié, signé ou accepté par ces gens, établissant entre eux une association, les faisant connaître pour tels aux yeux du monde, le nommant comme leur agent, et prenant individuellement, ou en tant qu'association, la responsabilité des actes qu'il accomplira sous leur autorité. Jusqu'au jour où tout cela sera prouvé, personne ne peut dire, en aucune façon légitime, qu'une telle association existe ; ou qu'il est son agent ; ou qu'il lui a jamais prêté serment ; ou qu'il lui a jamais engagé sa foi.

Selon les principes généraux du Droit et de la raison, il suffirait à ce prétendu agent de répondre à tous les individus et à toutes les prétendues associations d'individus qui pourraient l'accuser de forfaiture envers eux :

« Je ne vous connais pas. Où sont les preuves que, individuellement ou collectivement, vous m'ayez jamais nommé votre représentant ? ou enjoint de vous jurer, en tant que votre représentant, que je soutiendrais la Constitution ? ou que j'aie aujourd'hui manqué à la foi que je vous aurais jamais engagée ? Il se peut que vous soyez, ou non, membres de l'association secrète de voleurs et d'assassins qui agissent en secret ; nomment leurs agents par scrutin secret ; veillent à ne pas se faire connaître individuellement même des agents qu'ils nomment de cette manière ; et qui, par conséquent, ne peuvent prétendre qu'ils ont quelque agent que ce soit ; ou qu'un de leurs prétendus agents leur a jamais prêté serment, ou leur a jamais engagé sa foi. Je vous récuse absolument. Mon serment a été prêté à d'autres, avec lesquels vous n'avez rien à voir ; ou mieux mon serment n'était que du vent, prêté au vent qui passe. Hors d'ici ! »

XII

Pour les mêmes raisons, les serments prêtés par tous les autres prétendus agents de cette bande secrète de voleurs et d'assassins sont, selon les principes généraux du Droit et de la raison, également dénués de tout pouvoir de lier. Ils n'ont été prêtés à personne ; ils n'ont été prêtés qu'au vent qui passe.

OUTRAGE

Selon les principes généraux du Droit et de la raison, les serments prêtés par les percepteurs et trésoriers de la bande sont dépourvus de toute validité. Ainsi si un percepteur mettait dans sa poche l'argent reçu, et refusait de s'en défaire, les membres de cette bande ne pourraient lui dire : « C'est comme notre agent que vous perceviez ces sommes, et pour notre usage ; et vous avez juré de nous les remettre, à nous ou à ceux à qui nous pourrions donner mission de les recevoir. Vous nous avez trahi, vous avez manqué à votre foi envers nous. »

Il suffirait à cet homme de leur répondre :

« Je ne vous connais pas. Vous ne vous êtes jamais fait connaître individuellement de moi. Jamais je ne vous ai prêté serment comme à des individus. Il se peut que vous soyez, ou non, membres de cette bande secrète qui nomme des agents chargés de voler et assassiner d'autres gens ; mais qui veillent à ne

pas se faire individuellement
connaître soit de tels agents, soit de
ceux que ces agents sont chargés de
dépouiller. Si vous êtes membres
de cette bande, vous ne m'avez
donné aucune preuve que vous
m'ayez jamais chargé de voler
d'autres gens à votre profit. Je ne
vous connais pas, en tant qu'individus, et bien entendu je ne vous ai
jamais promis de remettre entre vos
mains le produit de mes vols. J'ai
commis ces vols en mon propre
nom et à mon propre avantage. Si
vous m'avez cru assez stupide pour
vous permettre de rester cachés, et
de m'utiliser comme un instrument
pour voler d'autres gens ; ou si vous
avez cru que je prendrais tous les
risques personnels que comportent
ces vols pour ensuite vous en
remettre le produit, vous êtes vraiment très naïfs. Puisque j'ai pris
tous les risques, j'ai l'intention de
prendre tous les profits de ces vols.
Hors d'ici ! Non contents d'être
scélérats vous êtes stupides. Si j'ai
prêté serment à qui que ce soit,

c'était à d'autres que vous. Mais en réalité je n'ai prêté serment à personne. J'ai prêté serment au vent. A l'époque cela servait mes desseins. Cela me permettait de prendre l'argent que je convoitais, et maintenant j'ai l'intention de le garder. Si vous pensiez que j'allais vous le remettre, vous vous fiiez uniquement à ce genre d'honneur qui a cours, dit-on, entre voleurs. Vous comprenez maintenant que c'est là une bien faible garantie. J'imagine que vous ne commettrez plus jamais l'erreur de vous y fier. Si dans cette affaire j'ai un devoir quelconque, c'est de rendre l'argent à ceux à qui je l'ai pris ; non de le remettre aux scélérats que vous êtes. »

XIII

Selon les principes généraux du Droit et de la raison, les serments prêtés par les étrangers lorsqu'ils arrivent ici et sont « naturalisés » (comme on dit) n'ont aucune valeur. Nécessairement, ils ne sont prêtés à personne : parce qu'il n'y a aucune association ouverte, authentique, dont ils pourraient se faire membres ; ou à laquelle, en tant qu'individus, ils pourraient engager leur foi. Comme il n'a jamais été formé par un contrat ouvert, écrit, authentique ou volontaire une association, ou organisation, qui s'appellerait « le peuple des Etats-Unis », une telle association, ou organisation, n'existe pas, selon les principes généraux du Droit et de la raison. Tous les serments prétendument prêtés à une telle association sont par conséquent des serments faits au vent qui passe. On ne saurait prétendre qu'ils ont été prêtés à aucun homme, ou groupe d'hommes, en tant qu'individus, car aucun homme, ou groupe d'hommes ne s'est fait connaître *en avançant la preuve* que ce serment a été prêté à eux-mêmes en tant qu'individus, ou à une association dont ils seraient membres. Prétendre qu'il existe un accord tacite parmi une portion des adultes mâles de ce pays, selon lequel ils se nomment « le peuple des Etats-Unis », et agiront de concert pour soumettre le reste du peuple des Etats-Unis à leur domination ; mais selon lequel, en agissant toujours en secret, ils resteront personnellement cachés, c'est une preuve tout à fait insuffisante, selon les principes généraux du Droit et de la raison, de l'existence d'une association ou organisation telle que « le peuple des Etats-Unis » ; et, par conséquent, cela ne suffirait aucunement à prouver que les serments des étrangers furent prêtés à une telle association.

XIV

Selon les principes généraux du Droit et de la raison, tous les serments qui, depuis la guerre*, ont été prêtés par les gens du Sud, et par lesquels ils s'engageaient à

---

* de Sécession (*N.d.T.*).

obéir aux lois du Congrès, à
défendre l'Union, etc., n'ont
aucune valeur. De tels serments
sont nuls, non seulement parce
qu'ils ont été extorqués par la force
des armes et les menaces de confis-
cations, et parce qu'ils sont en
contradiction avec le droit naturel
qu'ont les hommes de choisir s'ils
vont ou non soutenir le gouvernement, *mais aussi parce qu'ils n'ont été
prêtés à personne*. Officiellement, on
les a prêtés « aux Etats-Unis ».
Mais, puisque officiellement on les
a prêtés « aux Etats-Unis », il
s'ensuit qu'ils n'ont été prêtés à
personne, parce que, selon les principes généraux du Droit et de la
raison, il n'existe pas d'« Etats-
Unis » auxquels les serments
auraient pu être prêtés. Autrement
dit, il n'existe aucune association,
personne morale ou groupe
d'hommes ouvert, authentique,
avoué, légitime, qui soit connu sous
le nom de « les Etats-Unis », ou « le
peuple des Etats-Unis », auquel les
serments auraient pu être prêtés. Si

quelqu'un affirme qu'il existait une telle association ou personne morale, qu'il indique quels individus la composaient, et quand et comment elle s'est constituée comme telle. MM. A, B et C en étaient-ils membres? Si oui, où sont leurs signatures? Où sont les témoignages de leur appartenance? Où sont les archives? Où sont les preuves ouvertes, authentiques? Il n'en existe aucune. Par conséquent, selon le Droit et la raison, une telle association n'existait pas.

Selon les principes généraux du Droit et de la raison, toute personne morale, toute association ou tout groupe d'hommes organisé ayant une existence légitime en tant que tel, et des droits légitimes en tant que tel, doit nécessairement être constitué d'individus déterminés, connus, en mesure de démontrer, par des preuves légitimes et raisonnables, leur appartenance au groupe. Or, rien de tel ne peut être prouvé pour ce qui regarde la personne morale, ou le groupe d'hommes qui se fait appeler « les Etats-Unis ». A travers tous les Etats-Unis du Nord, aucun homme parmi ces gens-là n'est en mesure de prouver, par aucun témoignage juridiquement valable, tel qu'on en exige pour prouver l'appartenance à d'autres associations ou personnes morales ayant une existence légale, que lui-même, ou tout autre homme qu'il puisse nommer, est membre d'une association ou personne morale appelée « les Etats-Unis », ou « le peuple des Etats-Unis » ; et, par conséquent, qu'une telle société existe. Puisqu'il est impossible de prouver qu'une telle société existe, il est impossible de prouver que les serments des gens du Sud ont été prêtés à une telle société. Le plus qu'on puisse prétendre est que ces serments ont été prêtés à une association secrète de voleurs et d'assassins, qui se font appeler « les Etats-Unis » et extorquent de tels serments. Mais cela n'est certes pas suffisant pour prouver que les serments ont le moindre pouvoir d'obliger.

XV

Selon les principes généraux du Droit et de la raison, le serment par lequel le soldat s'engage à servir un certain nombre d'années, à obéir aux ordres de ses officiers supérieurs, à faire allégeance au gouvernement, etc., n'a pas le pouvoir de lier. Non seulement il est criminel de jurer que, pendant un certain nombre d'années, cet homme va tuer tous ceux qu'on lui commandera de tuer, sans exercer son propre jugement ni sa propre conscience quant à l'équité ou la nécessité d'un tel assassinat, mais il y a une autre raison pour laquelle le serment du soldat ne le lie pas, à savoir que, comme tous les autres serments que nous venons de mentionner, *c'est un serment fait à personne.* Puisqu'il n'existe, en aucun sens légal, aucune association, ou nation, qui s'appellerait « les Etats-Unis », ni, par conséquent, en aucun sens légal, aucun gouvernement qui s'appellerait « le gouver-

nement des Etats-Unis », le serment que le soldat prête à une telle
nation ou un tel gouvernement, ou
le contrat qu'il conclut avec lui, est
nécessairement un serment ou un
contrat n'engageant envers personne. Par conséquent, un tel serment ou contrat n'oblige pas.

XVI

Selon les principes généraux du
Droit et de la raison, les traités,
comme on les appelle, que prétendent conclure avec d'autres
nations des gens qui s'intitulent
ambassadeurs, secrétaires, présidents et sénateurs des Etats-Unis,
au nom et au profit du « peuple des
Etats-Unis », sont sans valeur. Ces
soi-disant ambassadeurs, secrétaires, présidents et sénateurs, qui
se prétendent les agents du
« peuple des Etats-Unis », chargés
de conclure ces traités, ne peuvent
montrer aucune preuve ouverte,
écrite, ou autrement authentifiée
que le « peuple des Etats-Unis »

tout entier, ou tout autre groupe d'hommes ouvert, reconnu, responsable, qui aurait pris ce nom, a jamais autorisé ces prétendus ambassadeurs et autres à conclure des traités au nom de quelque membre que ce soit du « peuple des Etats-Unis » ou susceptibles de l'obliger ; ou que quelque groupe d'hommes ouvert, reconnu ou responsable ayant pris ce nom a jamais autorisé ces prétendus ambassadeurs, secrétaires et autres, en son nom et à son profit, à reconnaître certaines autres personnes qui se font appeler empereurs, rois, reines, etc., comme les légitimes gouvernants, souverains, maîtres ou représentants des divers peuples qu'ils prétendent gouverner, représenter et obliger.

Les « nations », comme on dit, avec lesquelles nos prétendus ambassadeurs, secrétaires, présidents et sénateurs affirment conclure des traités sont des mythes tout autant que la nôtre. Selon les principes généraux du Droit et de la raison, de telles « nations » n'existent pas. Autrement dit, ni le peuple anglais tout entier, par exemple, ni aucun groupe d'hommes ouvert, reconnu, responsable qui prendrait un tel nom, ne s'est jamais, par un contrat ouvert, écrit, ou autrement authentifié qui les lierait les uns aux autres, constitué en une association ou organisation véritable et légitime, ou n'a jamais autorisé aucun roi, reine ou autre représentant à conclure des traités en son nom, ou à le lier par ces traités soit individuellement, soit en tant que groupe.

Donc, nos prétendus traités, puisqu'ils ne sont pas conclus avec des nations (ou représentants de nations) légitimes et authentiques, traités qui, de notre côté, sont conclus par des personnes qui n'ont aucune autorité légitime pour agir en notre nom, ces traités, dis-je, n'ont intrinsèquement pas plus de validité qu'un traité conclu par l'Homme de la Lune avec le roi des Pléiades.

OUTRAGE

XVII

Selon les principes généraux du Droit et de la raison, les dettes contractées au nom des « Etats-Unis » ou du « peuple des Etats-Unis » n'ont aucune validité. Il est totalement absurde de prétendre que des dettes d'un montant de deux milliards cinq cents millions de dollars pèsent sur trente-cinq ou quarante millions d'hommes alors qu'il n'y a pas l'ombre d'une preuve légitime — telle qu'on en exigerait pour authentifier une dette privée — qu'on puisse avancer contre aucun d'entre eux pour montrer que cet homme, ou son représentant dûment autorisé, a jamais souscrit un contrat qui l'obligerait à payer le moindre centime.

Il est certain que ni le peuple des Etats-Unis dans son ensemble ni une partie de ce peuple n'a jamais souscrit séparément ou individuellement un contrat l'obligeant à payer un centime de ces dettes.

Il est également certain que ni le

peuple des Etats-Unis dans son ensemble ni aucune partie de ce peuple ne s'est jamais constitué par aucun contrat ouvert, écrit ou autrement authentifié et volontaire en firme, personne morale ou association qui serait nommée « les Etats-Unis » ou « le peuple des Etats-Unis », et qui aurait autorisé ses agents à contracter des dettes en son nom.

Il est certain encore qu'il n'existe aucune firme, personne morale ou association nommée « les Etats-Unis » ou « le peuple des Etats-Unis », constituée par un contrat ouvert, écrit ou autrement authentifié et volontaire, qui posséderait en société des biens permettant de s'acquitter de ces dettes.

Comment donc, selon les principes généraux du Droit et de la raison, se peut-il que des dettes qui n'obligent personne individuellement obligent quarante millions d'hommes collectivement, alors que, selon les principes généraux et légitimes du Droit et de la raison, ces quarante millions d'hommes n'ont pas, n'ont jamais possédé quoi que ce soit en société ? n'ont jamais conclu aucun contrat individuellement ou en société ? n'ont, et n'ont jamais eu aucune existence en tant que société ?

Qui donc a contracté ces dettes au nom des « Etats-Unis » ? Qui, sinon une poignée de gens, qui s'intitulent « membres du Congrès », etc., qui prétendent représenter « le peuple des Etats-Unis », mais qui en réalité ne représentent qu'une association secrète de voleurs et d'assassins, qui voulaient de l'argent pour perpétrer les vols et les meurtres qu'ils ont entrepris ; et qui ont l'intention, à l'avenir, d'extorquer au peuple des Etats-Unis, par vol et menace d'assassinat (et assassinat véritable, s'il le faut) les moyens de payer ces dettes.

Cette association secrète de voleurs et d'assassins, qui sont, pour les dettes ainsi contractées, les véritables mandants, est une société secrète, parce que ses membres n'ont jamais conclu aucun contrat ouvert, écrit, reconnu ou authentique, par lequel ils se feraient connaître du monde en tant qu'individus, ou même ils se connaîtraient les uns les autres. Leurs représentants réels ou prétendus, qui ont contracté ces dettes en leur nom, ont été choisis à cet effet (pour autant qu'il y ait eu choix) de manière secrète (par scrutin secret), et de façon à ce qu'on ne puisse présenter de preuves contre aucun des mandants *individuellement* ; ces mandants n'étaient *individuellement* connus ni de leurs prétendus représentants, qui ont contracté ces dettes en leur nom, ni des prêteurs. L'argent a donc été et emprunté et prêté en secret ; autrement dit, par des hommes qui ne voyaient pas le visage de l'autre partie, ni ne connaissaient son nom ; qui étaient alors et sont encore aujourd'hui incapables de s'identifier les uns les autres en tant que mandants de ces transactions ;

et qui par conséquent ne peuvent prouver qu'ils sont engagés les uns envers les autres par un contrat.

En outre, l'argent a été prêté et emprunté dans des intentions criminelles ; je veux dire pour voler et assassiner ; pour cette raison, les contrats étaient intrinsèquement nuls ; ils l'auraient été quand même les véritables contractants, emprunteurs et prêteurs, se seraient vus face à face, auraient conclu leur contrat ouvertement, en leur nom propre.

En outre, comme cette association secrète de voleurs et d'assassins, qui sont les véritables emprunteurs de cet argent, n'a pas d'existence légitime en tant que société, elle ne possède aucun bien social lui permettant de le rembourser. Certes, ces gens prétendent posséder de grands espaces de terres sauvages entre l'Atlantique et le Pacifique, entre le golfe du Mexique et le pôle Nord. Mais, selon les principes généraux du Droit et de la raison, ils pourraient tout aussi bien prétendre posséder les océans mêmes ; ou encore l'atmosphère et la lumière du soleil ; et prétendre les détenir, et en disposer, en vue de solder ces dettes.

En réalité, puisqu'ils n'ont aucun bien social leur permettant de rembourser ce qu'ils prétendent être une dette sociale, cette association secrète de voleurs et d'assassins est en faillite. Ils ne possèdent rien qui leur permette de payer. En fait, ils n'ont pas l'intention de payer leurs dettes autrement que par le produit de leur vols et meurtres futurs. Voilà, de leur propre aveu, leurs seules garanties ; et les prêteurs le savaient bien au moment où les dettes furent contractées. Par conséquent, le fait que les dettes seraient remboursées grâce au produit de ces vols et meurtres futurs faisait virtuellement partie du contrat. Pour cette raison, et quand même il n'y en aurait nulle autre, les contrats étaient nuls dès le début.

OUTRAGE

En fait, ces deux catégories apparemment différentes, les prêteurs et les emprunteurs, n'en faisaient qu'une. Ils s'empruntaient et se prêtaient les uns aux autres. Ils ne faisaient pas seulement partie intégrante de cette association secrète de voleurs et d'assassins qui empruntaient et dépensaient l'argent : ils en étaient l'âme et le premier moteur. Individuellement ils fournissaient l'argent nécessaire pour une entreprise commune ; prenant, en retour, des promesses prétendument faites en société pour des prêts individuels. La seule raison qu'ils avaient, en tant qu'individus, pour prêter de l'argent à la prétendue société, et, en tant que prétendue société, pour promettre remboursement de la dette sociale, alors que prêteurs et emprunteurs étaient les mêmes personnes, est que cela leur fournissait un prétexte pour les vols futurs de la bande (on appellerait cela payer les dettes de la société), et aussi que cela leur permettait de connaître la part qui reviendrait à chacun sur le produit de leur vols futurs.

Enfin, si ces dettes avaient été contractées dans les desseins les plus innocents et honnêtes, et de la manière la plus ouverte et honnête, par les parties réellement contractantes, ces parties n'auraient pu lier qu'elles-mêmes, et n'auraient pu engager d'autres biens que les leurs propres. Elles n'auraient pu lier personne qui vînt après elles, ni aucun bien qui par la suite fût créé par d'autres ou appartînt à d'autres.

XVIII

Puisque la Constitution n'a jamais été signée par personne ; qu'il n'existe aucun contrat ouvert, écrit ou authentique entre quelques parties que ce soit en vertu duquel serait conservé le gouvernement des Etats-Unis, comme on l'appelle ; qu'il est bien connu que seuls les hommes âgés de vingt et un ans et plus ont une part quelconque au gouvernement ; qu'il est également bien connu qu'un grand nombre de ces adultes votent rarement ou même jamais ; que tous ceux qui votent le font en secret (par scrutin secret) et de manière à empêcher que leurs votes individuels soient connus, tant du monde que des autres votants ; et par conséquent de manière à ce que personne ne soit publiquement responsable des actes de ses agents et représentants ; puis donc que tout cela est bien connu, la question se pose : qui compose le véritable pouvoir gouvernant ce pays ? Qui sont les hommes, *les hommes responsables*, qui nous dépouillent de nos biens ? limitent notre liberté ? nous soumettent à leur pouvoir arbitraire ? pillent nos maisons, et nous fusillent par centaines de milliers si nous résistons ? Comment découvrir ces hommes ? Comment les distinguer des autres ? Comment nous défendre, nous-mêmes et nos biens, contre leurs entreprises ? Lesquels parmi nos voisins sont

A CHEFS D'ETAT

membres de cette association
secrète de voleurs et d'assassins?
Comment savoir quelles sont *leurs*
maisons, pour les brûler et les
détruire? quels sont *leurs* biens,
pour les ruiner? quelles sont *leurs*
personnes, pour les tuer, et débarrasser le monde et nous-mêmes de
ces tyrans et de ces monstres?

Voilà les questions auxquelles il
faut répondre, si l'on veut que les
hommes soient libres; qu'ils
puissent se protéger de cette association secrète de voleurs et d'assassins qui aujourd'hui les pillent, les
asservissent et les détruisent.

La réponse à ces questions est
que seuls ceux qui ont la volonté et
le pouvoir de fusiller leurs semblables sont les véritables maîtres
de ce pays, et des autres pays (dits)
civilisés; car c'est seulement ainsi
qu'on peut voler et asservir des
hommes civilisés.

Chez les sauvages, la simple force
physique que possède un homme
seul lui permet parfois de voler,
asservir ou tuer un autre homme.

OUTRAGE

Chez les barbares, la simple force physique que possède un groupe d'hommes, disciplinés et agissant de concert, avec fort peu d'argent ou d'autres biens, leur permet, dans de certaines conditions, de voler, asservir ou tuer un autre groupe d'hommes, aussi nombreux ou même peut-être plus nombreux. Chez les sauvages et chez les barbares, la simple nécessité oblige parfois un homme à se vendre comme esclave à un autre homme. Mais chez les peuples (dits) civilisés, où le savoir, la richesse et les moyens d'agir de concert se sont multipliés ; qui ont inventé des armes et autres moyens de défense tels que la simple force physique a perdu de son importance ; où l'on peut toujours avec de l'argent acquérir des soldats en nombre suffisant, et d'autres instruments de guerre, en quantité suffisante ; chez ces peuples, dis-je, la question de la guerre, et par conséquent la question du pouvoir, n'est guère autre chose qu'une simple question d'argent. Conséquence inévitable, ceux qui sont prêts à fournir l'argent sont les véritables maîtres. Il en est ainsi en Europe, et il en est ainsi dans notre pays.

En Europe, les maîtres officiels, empereurs, rois et parlements, ne sont aucunement les véritables maîtres de leur pays. Ils ne sont guère que de simples instruments dont font usage les riches pour voler, asservir et (s'il le faut) assassiner ceux qui sont moins riches, ou totalement pauvres.

Les Rothschild, et cette catégorie de prêteurs dont ils sont les représentants et agents — gens qui n'ont jamais envisagé de prêter un shilling à leur voisin d'à côté dans un dessein d'honnête industrie sans exiger les garanties les plus sûres, et le taux d'intérêt le plus élevé —, sont disposés, à tout instant, à prêter de l'argent en quantités illimitées à ces voleurs et à ces assassins qui s'intitulent gouvernements, argent qui servira à fusiller ceux qui n'acceptent pas tranquillement d'être volés et asservis.

OUTRAGE

Ils prêtent leur argent de cette manière sachant qu'il servira à assassiner leurs semblables, des hommes seulement coupables de rechercher leur liberté et leurs droits ; sachant aussi que ni l'intérêt ni le principal ne sera jamais payé autrement qu'en l'extorquant sous la menace de nouveaux assassinats semblables à ceux pour lesquels l'argent prêté sera dépensé.

Ces prêteurs, les Rothschild par exemple, se disent : si nous prêtons cent milliers de livres sterling à la reine et au Parlement anglais, ils pourront assassiner vingt, cinquante ou cent mille personnes en Angleterre, Irlande ou Inde ; et la terreur inspirée par ces assassinats massifs leur permettra de maintenir en sujétion les peuples de ces pays pour vingt ou peut-être cinquante ans ; de contrôler tout leur commerce et toute leur industrie ; de leur extorquer de fortes sommes d'argent, sous le nom d'impôts ; et, grâce à l'argent ainsi extorqué à ces peuples, eux-mêmes (la reine et le

Parlement) seront en mesure de nous payer, pour notre argent, un taux d'intérêt plus élevé que tout ce que nous pourrions autrement toucher. Ou encore, si nous prêtons cette somme à l'empereur d'Autriche, l'argent lui permettra d'assassiner assez de gens chez lui pour inspirer la terreur aux autres, et donc de les maintenir en sujétion et de leur extorquer de l'argent pendant les vingt ou cinquante années à venir. Ils disent la même chose de l'empereur de Russie, du roi de Prusse, de l'empereur des Français ou de tout autre gouvernement, comme on dit, qui, selon eux, sera à même, par l'assassinat d'une raisonnable part de son peuple, de maintenir le reste en sujétion, et de lui extorquer, pendant longtemps, l'argent qui paiera les intérêts et le principal de la somme à eux prêtée.

Pourquoi ces hommes sont-ils si empressés à prêter de l'argent qui servira à assassiner leurs semblables ? Pour une seule raison, à savoir : de tels prêts sont considérés comme de meilleurs investissements que ceux qui se font en vue d'une industrie honnête. Ils rapportent des intérêts plus élevés ; et ils demandent moins de surveillance. Voilà toute l'affaire.

Pour ces créanciers, ces prêts sont donc une simple question de profit pécuniaire. Ils prêtent de l'argent qui servira à voler, asservir et assassiner leurs semblables, pour l'unique raison que, dans l'ensemble, ces prêts rapportent plus que tous les autres. Ils ne sont pas gens à respecter les personnalités, ce ne sont pas des naïfs superstitieux qui révèrent les monarques. Ils n'ont pas plus de respect pour un roi ou un empereur que pour un mendiant, sauf que le premier est un meilleur client, et paiera un plus fort intérêt pour leur argent. S'ils n'ont pas confiance en sa capacité à assassiner avec succès pour maintenir son pouvoir, et donc, à l'avenir, soutirer de l'argent à son peuple, ils le renvoient avec aussi peu de cérémonie qu'ils le feraient pour tout autre homme visiblement au bord de la faillite qui voudrait leur emprunter pour se sauver d'une banqueroute inévitable.

Lorsque ces grands prêteurs d'argent meurtrier, tels les Rothschild, ont prêté de cette manière à un empereur ou à un roi de fortes sommes destinées à l'assassinat, ils vendent les bons qu'ils ont pris, par petites quantités, à toute personne disposée à les acheter à bon prix et à les garder comme des investissements. Eux-mêmes (les Rothschild) retrouvent donc vite leur argent, avec de grands profits ; ils sont dès lors disposés à prêter de la même façon de nouvelles sommes à tout autre voleur et assassin, appelé empereur ou roi, qui, pensent-ils, réussira sans doute ses vols et ses meurtres, et leur paiera un bon prix l'argent nécessaire pour les perpétrer.

Ce prêt d'argent meurtrier est l'une des affaires les plus absolument et délibérément sordides et criminelles qui aient jamais été faites, à une échelle considérable, entre des êtres humains. Autant prêter de l'argent à des trafiquants d'esclaves, à des bandits et pirates ordinaires, pour se faire rembourser sur leurs rapines. Les hommes qui prêtent à ce qu'on appelle les gouvernements un argent qui leur permettra de voler, asservir et assassiner leur peuple sont parmi les plus grands scélérats que le monde ait jamais connus. Ils méritent d'être pourchassés et tués (s'il n'y a pas d'autre moyen de se débarrasser d'eux) autant que n'importe quel trafiquant d'esclaves, voleur ou pirate qui ait jamais existé.

Lorsque ces empereurs et rois, comme on les appelle, ont obtenu leurs emprunts, ils se mettent à engager et entraîner un nombre immense de meurtriers professionnels, qu'on appelle soldats, et les emploient à fusiller tous ceux qui refusent de leur donner l'argent qu'ils réclament. En fait, la plupart gardent constamment à leur service de vastes corps d'assassins, seul moyen de perpétrer ces exactions. En ce moment, il y a, je crois, quatre ou cinq millions de ces meurtriers professionnels constamment au service des soi-disant souverains de l'Europe. Bien entendu, les peuples asservis sont obligés d'entretenir et de payer tous ces assassins, outre qu'ils se soumettent à toutes les autres exactions que ces assassins sont employés à perpétrer.

C'est de cette manière uniquement que la plupart des soi-disant gouvernements de l'Europe se maintiennent. Ces soi-disant gouvernements ne sont en réalité que de vastes bandes de voleurs et d'assassins, organisés, disciplinés, et sans cesse sur le qui-vive. Quant aux soi-disant souverains, dans ces divers gouvernements, ils ne sont que les têtes ou les chefs de diverses bandes de voleurs et assassins. Ces têtes ou chefs ont besoin des prêteurs d'argent meurtrier pour perpétrer leurs vols et leurs assassi-

nats. Sans les prêts que leur
consentent ces vendeurs d'argent
meurtrier, ils ne pourraient se
maintenir un instant. Leur premier
soin est de préserver la confiance
dont ils jouissent auprès des prêteurs ; car ils savent qu'à la minute
où ils perdront cette confiance ce
sera pour eux la fin. Par
conséquent, le premier produit de
leurs exactions est scrupuleusement
utilisé à payer les intérêts de leurs
emprunts.

Outre qu'ils paient les intérêts de
leurs bons, ils garantissent parfois
aux détenteurs de ces bons de
grands monopoles bancaires, tels
que la Banque d'Angleterre, de
France et de Vienne ; étant entendu
que ces banques fourniront l'argent
toutes les fois que, en cas d'urgence
soudaine, il en faudra pour fusiller
encore plus de gens parmi leur
peuple. Parfois aussi, en imposant
des droits de douane sur les importations concurrentes, ils accordent
de grands monopoles à certaines
branches de l'industrie dans les-

quelles ces prêteurs d'argent meurtrier sont engagés. De même, par
une répartition inégale des impôts,
ils exemptent totalement ou par-
tiellement les biens de ces vendeurs
d'argent, et font peser un fardeau
d'autant plus lourd sur ceux qui
sont trop pauvres et trop faibles
pour résister.

Il est donc clair que tous ces gens
qui se font appeler de ces noms
ronflants : Empereurs, Rois, Souverains, Monarques, Majestés Très
Chrétiennes, Majestés Très Catho-
liques, Hautesses, Altesses Sérénissimes et Potentissimes, etc., et qui
prétendent régner « par la grâce de
Dieu », « par Droit Divin » —
c'est-à-dire par l'autorité spéciale
du Ciel — ne sont pas seulement
intrinsèquement les pires malfaiteurs et scélérats, uniquement
occupés à dépouiller, asservir et
assassiner leurs semblables ; ils sont
en outre les pires parasites, les
domestiques et instruments les plus
serviles, obséquieux, flagorneurs
de ces vendeurs d'argent meurtrier,

dont ils attendent les moyens de perpétrer leurs crimes. Les vendeurs d'argent, tels les Rothschild, rient dans leur barbe et se disent : « Ces créatures méprisables qui se font appeler empereurs et rois et majestés et altesses sérénissimes et potentissimes ; qui prétendent porter une couronne et s'asseoir sur un trône ; qui se couvrent de rubans, de plumes et de joyaux ; qui s'entourent de flatteurs et flagorneurs à gages ; et que nous laissons se pavaner, et se faire passer auprès des naïfs et des esclaves pour des souverains et législateurs spécialement désignés par le Très-Haut ; que nous laissons se prétendre les seules sources des honneurs, dignités, richesses et pouvoirs — tous ces scélérats et imposteurs savent que c'est nous qui les faisons et utilisons ; que c'est par nous qu'ils vivent, se meuvent, et de nous qu'ils tirent leur être ; que nous exigeons (pour prix de leur statut) qu'ils prennent sur eux toute la peine, tout le danger et toute la honte des crimes qu'ils commettent pour notre profit, et qu'à l'instant même où ils refuseront de commettre tout crime que nous exigeons d'eux, ou de nous verser la part du profit de leurs vols que nous estimons convenable, nous les déferons, nous les dépouillerons de leurs hochets pour les jeter mendiants par le monde, ou les livrer à la vengeance du peuple qu'ils ont asservi. »

XIX

Or, ce qui est vrai en Europe l'est aussi, pour l'essentiel, en ce pays. La différence, minime, est que dans ce pays il n'existe pas de tête, ou chef, permanent de ces voleurs et assassins qui se font appeler « le gouvernement ». Autrement dit, on ne trouve pas ici *un homme seul* qui se ferait appeler l'Etat, ou même l'empereur, le roi ou le souverain ; ni non plus personne qui prétendrait que lui-même et ses enfants gouvernent « par la grâce de Dieu », « par Droit divin », ou par désignation spéciale du Ciel. On trouve seulement certains hommes, qui se font appeler présidents, sénateurs et représentants, et qui se prétendent les agents autorisés, *pour le moment présent ou pour des périodes déterminées et courtes*, du « peuple des Etats-Unis » *tout entier* ; mais qui sont incapables de montrer aucun document les accréditant, aucun pouvoir de représentation, ou aucune autre preuve ouverte et authentique qu'ils sont bien tels ; et qui, de notoriété publique, ne sont rien de tel ; mais qui, en réalité, ne sont que les agents d'une association secrète de voleurs et d'assassins qu'eux-mêmes ne connaissent pas et n'ont pas le moyen de connaître individuellement, mais qui, ils en sont sûrs, en cas de crise, les protégeront ouvertement ou secrètement dans toutes leurs usurpations et tous leurs crimes.

Il est important de remarquer que ces soi-disant présidents, séna-

teurs et représentants, ces prétendus agents du « peuple des Etats-
Unis » tout entier, du moment que
leurs exactions rencontrent quelque
formidable résistance de la part
d'une partie quelconque de ce
« peuple », sont eux aussi obligés,
comme leurs collègues, les voleurs
et assassins d'Europe, de recourir
aussitôt aux prêteurs d'argent
meurtrier, pour en obtenir les
moyens de protéger leur pouvoir.
Ils empruntent leur argent selon le
même principe, et dans le même
but, qui est de l'employer à fusiller
tous ceux qui, parmi « le peuple des
Etats-Unis » — leurs propres électeurs et mandants, comme ils
aiment à les appeler —, s'opposent
aux vols et à l'asservissement que
ces emprunteurs leur font subir.
Ces emprunteurs n'espèrent pas
rembourser (s'ils remboursent)
autrement que par le produit de
leurs rapines futures, que, pen-
saient-ils, eux-mêmes et leurs suc-
cesseurs sauront commettre sans
trop de peine, pendant de longues

années, aux dépens de leurs prétendus mandants, pourvu qu'ils
puissent maintenant fusiller quelques centaines de milliers de
ceux-ci, et donc inspirer la terreur
aux autres.

Peut-être est-ce dans notre pays,
plus que partout ailleurs dans le
monde, qu'il apparaît avec le plus
d'évidence que ces vendeurs
d'argent meurtrier, ces hommes
sans entrailles, sont les véritables
maîtres ; qu'ils gouvernent pour les
motifs les plus sordides et les plus
intéressés ; que le gouvernement
qu'on voit, les présidents, sénateurs et représentants, comme on
les appelle, ne sont que leurs instruments ; et qu'aucune notion,
aucune considération de justice ou
de liberté n'a joué le moindre rôle
dans leur décision de prêter leur
argent pour la guerre. A preuve,
examinons les faits suivants.

Il y a près d'un siècle, nous avons
été fiers d'avoir jeté aux orties toute
cette superstition religieuse, in-
culquée par un clergé européen ser-

vile et corrompu, qui veut que les gouvernants, comme on les appelle, tiennent leur autorité directement des Cieux ; et que, par conséquent, le devoir religieux des peuples soit de leur obéir. Depuis longtemps déjà nous proclamons avoir compris que les gouvernements ne sont légitimes que par l'effet d'une volonté libre et d'un appui volontaire de la part de ceux qui ont choisi de les soutenir. Depuis longtemps, nous nous vantons de savoir que le seul but légitime d'un gouvernement est de maintenir la liberté et la justice de façon égale pour tous. Voilà ce que nous professons depuis près de cent ans. Et nous faisons profession de considérer avec pitié et mépris ces peuples d'Europe, peuples ignorants, superstitieux et esclaves, si facilement maintenus dans la sujétion par la fraude et la force des prêtres et des rois.

En dépit de tout cela, que nous avons appris, compris et professé depuis près d'un siècle, ces prêteurs d'argent meurtrier, au cours de longues années antérieures à la guerre*, ont été les complices empressés des propriétaires d'esclaves, qui pervertissaient le gouvernement, le mettant au service, non de la liberté et de la justice, mais du plus grand des crimes. Ils s'en sont faits les complices *pour des considérations purement pécuniaires*, à savoir, pour contrôler les marchés du Sud; en d'autres mots, pour s'assurer le privilège de maintenir les propriétaires d'esclaves eux-mêmes dans la sujétion industrielle et commerciale des manufacturiers et négociants du Nord (qui plus tard financeront la guerre). Pour les mêmes considérations pécuniaires, ces négociants et manufacturiers du Nord, ces prêteurs d'argent meurtrier, étaient prêts à poursuivre cette complicité avec les propriétaires d'esclaves. Mais, soit qu'ils se méfient de leurs alliés nordiques, soit qu'ils se soient sentis assez forts pour maintenir

* de Sécession *(N.d.T.)*.

leurs esclaves en servitude sans l'aide du Nord, les propriétaires d'esclaves refusèrent de payer le prix exigé par les gens du Nord. C'est pour assurer ce prix à l'avenir — c'est-à-dire pour monopoliser les marchés du Sud, pour maintenir leur contrôle industriel et commercial sur le Sud — que ces négociants et manufacturiers du Nord ont prêté pour financer la guerre un peu de l'argent qu'avaient rapporté leurs anciens monopoles, afin de s'assurer, dans l'avenir, des monopoles semblables ou même plus étendus. C'est pour ces motifs, et non par amour de la liberté ou de la justice, que le Nord a financé la guerre. Bref, le Nord a dit aux propriétaires d'esclaves : « Si vous ne voulez pas payer le prix que nous demandons (nous donner le contrôle de vos marchés) pour l'aide que nous vous apportons contre vos esclaves, nous nous assurerons le même prix (nous garderons le contrôle de vos marchés) en aidant vos esclaves contre vous, en les utilisant comme des instruments pour maintenir notre domination sur vous ; car le contrôle de vos marchés, nous l'aurons, que les instruments utilisés à cet effet soient blancs ou noirs, et quoi qu'il en coûte, en argent et en vies humaines. »

C'est selon ce principe, et pour ce motif — non par quelque amour de la liberté ou de la justice — que d'énormes sommes furent avancées, et avec d'énormes intérêts. C'est seulement grâce à ces prêts que les objectifs de la guerre furent atteints.

Maintenant ces prêteurs d'argent meurtrier réclament leur salaire ; et le gouvernement, ou ce qu'on appelle ainsi, devient leur instrument, outil servile, abject, ignoble, dont ils se servent pour soutirer l'argent produit par le labeur des peuples asservis au Nord comme au Sud. Argent extorqué par toutes les formes, directes et indirectes, de taxation inéquitable. Non seulement la dette et les intérêts nominaux — si énormes que soient les seconds — doivent être complètement remboursés ; mais ces détenteurs de créances, il faut les payer encore davantage, et peut-être deux, trois ou quatre fois plus, en taxant les importations de façon que les manufacturiers de ce pays puissent vendre leurs produits à des prix monstrueux ; et encore en leur accordant des monopoles bancaires qui leur permettent de contrôler, et donc d'asservir et piller l'industrie et le commerce de la plupart des gens même dans le Nord. Bref, l'asservissement industriel et commercial de la plus grande partie du peuple de ce pays, Nord et Sud, blanc et noir, est le prix que demandent ces prêteurs d'argent meurtrier, qu'ils réclament avec insistance, et qu'ils sont déterminés à obtenir, en échange de l'argent prêté pour la guerre.

Ce programme une fois bien établi et agencé, ils mettent leur épée entre les mains de l'assassin en chef de la guerre, et lui donnent mission d'accomplir leur plan. Aujourd'hui cet homme, parlant en leur nom, dit : « *Faisons la paix.* »

Ce qui veut dire : « Soumettez-vous sans résistance à toutes les rapines et à l'asservissement que nous avons prévu pour vous, et vous aurez "la paix". Mais si vous résistez, les mêmes prêteurs d'argent meurtrier qui ont fourni les moyens de soumettre le Sud fourniront aussi les moyens de vous soumettre vous-mêmes. »

Telles sont les conditions qu'impose notre gouvernement et, avec de rares exceptions, tous les gouvernements, pour donner « la paix » à leur peuple.

Toute l'affaire, de la part de ceux qui ont fourni l'argent, a été et est toujours une machination délibérée en vue du vol et de l'assassinat ; non seulement pour monopoliser les marchés du Sud, mais aussi pour monopoliser la circulation moné-taire et contrôler ainsi l'industrie et le commerce, et donc dépouiller et asservir les travailleurs, au Nord

comme au Sud. Aujourd'hui le
Congrès et le président ne sont plus
que des instruments pour atteindre
leurs objectifs. Ils n'ont pas d'autre
choix, car ils savent bien que leur
pouvoir de gouvernants, comme on
dit, ne durerait pas un instant de
plus que leur crédit auprès des vendeurs d'argent meurtrier. Ils sont
comme des faillis entre les mains
d'un prévaricateur. Ils n'osent
opposer aucun refus aux demandes
qu'on leur fait. Et pour cacher d'un
seul coup, si possible, et leur servi-
lité et leurs crimes, ils s'efforcent de
détourner l'attention du public en
s'écriant qu'ils ont « Aboli l'Esclavage ! », qu'ils ont « Sauvé le
Pays ! », « Préservé notre Glorieuse
Union ! » et que maintenant, en
remboursant la « Dette Natio-
nale », ainsi qu'ils l'appellent
(comme si le peuple lui-même, *tous
ceux qui vont être taxés pour la rembourser*, s'était vraiment et volontairement réuni pour contracter
cette dette), ils ne font que « Préserver l'Honneur National ! »

OUTRAGE

Par « préserver l'honneur national », ils veulent dire simplement qu'eux-mêmes, ces voleurs et assassins avérés, estiment qu'ils sont la nation ; qu'ils tiendront leurs promesses envers ceux qui leur prêtent l'argent nécessaire pour écraser sous leurs bottes la majeure partie du peuple ; et qu'ils vont *fidèlement* utiliser à rembourser toutes leurs dettes, intérêts et principal, une part suffisante des produits de leurs vols et assassinats futurs.

Lorsqu'ils prétendent que l'« abolition de l'esclavage » fut ou le but ou la justification de la guerre, c'est là un mensonge de même nature que la prétention à « préserver l'honneur national ». Qui donc a jamais institué l'esclavage, sinon des usurpateurs, voleurs et assassins tout pareils à eux ? Quel gouvernement, sinon un qui s'appuie sur l'épée, comme celui que nous avons aujourd'hui, a jamais été capable de perpétuer l'esclavage ? Et pourquoi ces hommes l'ont-ils aboli ? Non par

amour de la liberté en général —
non comme un acte de justice
envers l'homme noir, mais seulement comme un « acte de guerre »,
et parce qu'ils avaient besoin de lui,
de son aide et de celle de ses amis
pour poursuivre la guerre qu'ils
avaient entreprise en vue de conserver et renforcer cet esclavage politique, commercial et industriel
auquel ils ont soumis la majorité de
notre peuple, les Blancs comme les
Noirs. Et pourtant, ces imposteurs
crient aujourd'hui partout qu'ils
ont aboli l'esclavage-marchandise
de l'homme noir — ce n'était pas le
motif de la guerre — comme s'ils
croyaient pouvoir ainsi cacher,
racheter ou justifier cet autre esclavage que leur guerre visait à perpétuer et à rendre encore plus rigou-
reux et implacable que jamais
auparavant. Il n'y a pas de différence de principe, mais seulement de degré, entre l'esclavage
qu'ils se vantent d'avoir aboli et
celui que leur guerre visait à perpétuer ; car toute limitation à la liberté

naturelle de l'homme, lorsqu'elle n'est pas nécessaire pour la simple conservation de la justice, est de la nature de l'esclavage, et l'une ne diffère de l'autre que par le degré.

Si leur objectif avait réellement été d'abolir l'esclavage, ou, d'une manière générale, de promouvoir la liberté et la justice, il leur suffisait de dire : « Tous ceux, blancs ou noirs, qui demandent la protection de ce gouvernement l'obtiendront ; tous ceux qui ne la veulent pas seront laissés en paix, pourvu qu'ils nous laissent en paix. » Eussent-ils dit cela que l'esclavage aurait nécessairement été aboli à l'instant même ; on aurait évité une guerre ; et il en serait résulté une union mille fois plus noble que toutes celles que nous avons jamais connues. C'eût été l'union volontaire d'hommes libres ; une union telle qu'un jour il en existera entre tous les hommes du monde entier, si les diverses nations, comme on dit, se débarrassent des usurpateurs, voleurs et assassins qu'on appelle gouvernements, et qui aujourd'hui les dépouillent, les asservissent et les détruisent.

Autre mensonge encore : ces gens disent qu'ils instituent, et que la guerre avait pour but d'instituer, « un gouvernement de consensus ». Quant à ce que peut bien être un gouvernement de consensus, la seule idée qu'ils aient jamais manifestée est celle-ci : c'est un gouvernement auquel chacun doit consentir, sinon il sera fusillé. C'est l'idée principale qui a dirigé la conduite de la guerre ; et cela reste l'idée principale, maintenant que nous avons ce qu'on appelle « paix ».

Lorsqu'ils prétendent avoir « sauvé le pays » et « préservé notre Glorieuse Union », ce sont des mensonges semblables à tous leurs autres mensonges. Cela signifie simplement qu'ils ont mis sous le joug et soumis à leur pouvoir un peuple qui s'y refusait. Voilà ce qu'ils appellent « Sauver le Pays » ; comme si d'un peuple asservi et mis sous le joug — comme si de n'importe quel peuple maintenu en sujétion par l'épée (comme ils ont l'intention de le faire pour nous tous désormais) — on pouvait dire qu'il a un pays ! Voilà aussi ce qu'ils appellent « Préserver notre Glorieuse Union » ; comme si l'on pouvait parler d'une Union, glorieuse ou pas, qui ne fût pas volontaire. Ou comme si l'on pouvait parler d'union entre maîtres et esclaves ; entre conquérants et peuples mis sous le joug.

Lorsqu'ils s'écrient qu'ils ont « aboli l'esclavage », « sauvé le pays », « préservé l'union », institué « un gouvernement de consensus » et « maintenu l'honneur national », tout cela n'est que mensonges grossiers, honteux, transparents — si transparents qu'ils ne devraient tromper personne — lorsqu'ils servent à justifier la guerre, ou le gouvernement qui a succédé à la guerre, ou le procédé par lequel aujourd'hui on oblige le peuple à payer pour la guerre, ou par lequel on oblige tout homme à soutenir un gouvernement dont il ne veut pas.

La leçon qu'on peut tirer de tous ces faits est celle-ci : aussi long-temps que l'humanité continuera de payer des « dettes nationales », comme on dit — c'est-à-dire, aussi longtemps qu'il y aura des dupes et des lâches prêts à payer pour être trompés, dépouillés, asservis et assassinés —, il y aura aussi de l'argent à emprunter pour ces objectifs ; et avec cet argent, on pourra engager quantité d'instruments appelés soldats pour mainte-nir ces lâches dans la soumission. Mais si un jour ils refusent de payer plus longtemps pour être ainsi trompés, dépouillés, asservis et assassinés, ce jour-là il n'y aura plus de menteurs, usurpateurs, voleurs, assassins et vendeurs d'argent meurtrier pour leurs maîtres.

APPENDICE

Puisque la Constitution n'a jamais été signée, ni acceptée par quiconque en tant que contrat ;

puisque par conséquent elle n'a jamais obligé personne et n'oblige personne aujourd'hui ; puisque, en outre, elle est telle qu'il n'est pas possible que quiconque l'accepte jamais, à moins d'y être contraint à la pointe des baïonnettes ; pour toutes ces raisons il n'importe peut-être pas de déterminer sa véritable valeur juridique en tant que contrat. Cependant, l'auteur de ces lignes croit utile de dire que, selon lui, la Constitution n'est pas l'instrument qu'ordinairement on suppose ; mais que, par de fausses interprétations et d'évidentes usurpations, on a fait du gouvernement, en pratique, une chose très largement différente, presque complètement différente de ce que la Constitution elle-même prétend autoriser. L'auteur a déjà prouvé par de nombreux écrits que telle est bien la vérité, et il pourrait en écrire bien davantage. Mais qu'importe que la Constitution soit ceci plutôt que cela ; une chose est certaine : ou elle a autorisé un gouvernement tel que celui que nous avons eu, ou elle a été incapable de l'empêcher. Dans l'un et l'autre cas, elle ne mérite pas d'exister.

Notes de Lysander Spooner

1. Voir *No Treason*, n° 2, pp. 5 et 6.

2. Admettons que ce soit « le meilleur gouvernement qu'il y ait sur terre » ; cela prouve-t-il.qu'il est bon, ou seulement que tous les autres sont mauvais ?

3. Même les hommes qui l'ont rédigé n'ont jamais signé ce document de manière à se lier par lui *en tant que contrat*. Et il est probable que parmi eux aucun n'eût jamais voulu le signer de manière à se lier par lui *en tant que contrat*.

4. J'ai personnellement examiné les codes des Etats suivants : Maine, New Hampshire, Vermont, Massachusetts, Rhode Island, Connecticut, New York, New Jersey, Pennsylvanie, Delaware, Virginie, Caroline du Nord, Caroline du Sud, Géorgie, Floride, Alabama, Mississippi, Tennessee, Kentucky, Ohio, Michigan, Indiana, Illinois, Wisconsin, Texas, Arkansas,

OUTRAGE

Missouri, Iowa, Minnesota, Nebras-
ka, Kansas, Nevada, Californie et Ore-
gon ; j'ai constaté que dans tous ces
Etats la loi anglaise a été reprise et
qu'elle est aujourd'hui en application,
parfois avec des modifications, mais
qui généralement en élargissent la portée.

Voici quelques-unes des clauses qui
apparaissent dans le code du Massachusetts :

« Aucune action judiciaire ne sera
intentée dans aucun des cas suivants, à
savoir...

« Accuser une personne en se fondant sur la promesse spéciale qu'elle
aurait faite de répondre des dettes,
manquements à payer, ou méfaits
d'une autre personne...

« En se fondant sur un contrat réglant la vente de terres, logements,
héritages, ou ayant un intérêt à ces
choses, ou les concernant ; ou...

« En se fondant sur un accord qui
n'est pas à accomplir dans le délai d'un
an après le moment où il a été écrit :

« A moins que l'engagement, le
contrat ou l'accord sur lequel se fonde
une telle action judiciaire, ou un quelconque mémorandum ou une quelconque note de celui-ci, ne soit rédigé

par écrit, et signé par la partie qui sera liée par cet engagement, ou par une personne légalement désignée par elle à cet effet. »

« Aucun contrat pour la vente de biens, denrées ou marchandises, pour le prix de cinquante dollars ou plus, ne sera bon et valide, à moins que l'acheteur n'accepte et reçoive une partie des biens ainsi vendus, ou ne donne définitivement quelque chose pour sceller la transaction, ou en paiement partiel ; ou à moins qu'une note ou un mémorandum écrit de la transaction ne soit fait et signé par la partie qui sera engagée par celle-ci, ou par une personne qu'elle aura légalement désignée à cet effet. »

5. Ces deux tiers peuvent n'être que les deux tiers d'un quorum — c'est-à-dire les deux tiers d'une majorité —, non les deux tiers de l'ensemble.

6. Quel intérêt pour un homme, en tant qu'individu, si on lui accorde une voix dans le choix de ces maîtres publics ? Ce n'est qu'une voix parmi des millions.

LE DROIT NATUREL

OU

LA SCIENCE DE LA JUSTICE

Traité
du Droit naturel,
de la justice naturelle,
des droits naturels,
de la liberté naturelle
et de la société naturelle,
qui montre
que toute législation
quelle qu'elle soit
est une absurdité,
une usurpation
et un crime

L'édition originale américaine de cet ouvrage a été publiée dans le numéro du 18 mars 1882 de la revue *Liberty* dirigée par Benjamin Tucker, sous le titre : *Natural Law : or the Science of Justice*. A treatise on natural law, natural justice, natural rights, natural liberty and society ; showing that all legislation whatsoever is an absurdity, a usurpation and a crime. »
Réédition : juillet 1882, Boston.

La réédition de juillet 1882 portait la mention suivante de copyright :

« L'Auteur réserve son copyright sur ce pamphlet, étant convaincu que, selon les principes du Droit naturel, auteurs et inventeurs ont un droit de propriété perpétuel sur leurs idées. »

La page de titre de cette réédition portait également la mention « première partie », mais aucune seconde partie de ce traité n'est connue.

CHAPITRE PREMIER
La science de la justice

I

La science du mien et du tien — la science de la justice — est la science de tous les droits de l'homme : de tous les droits que possède un homme sur sa personne et ses biens ; de tous ses droits à la vie, à la liberté et à la poursuite du bonheur.

C'est cette science qui, seule, dit à tout homme ce que, sans empiéter sur les droits de toute autre personne, il peut faire et ce qu'il ne peut pas faire ; ce qu'il peut avoir et ce qu'il ne peut pas avoir ; ce qu'il peut dire et ce qu'il ne peut pas dire.

C'est la science de la paix ; et la seule science de la paix ; puisque c'est la science qui seule nous dit à quelles conditions les hommes peuvent vivre en paix, ou devraient vivre en paix les uns avec les autres.

Ces conditions sont simplement celles-ci : premièrement, que chaque homme fera, vis-à-vis de tous les autres, tout ce que la justice l'oblige à faire ; ainsi il paiera ses dettes, il remettra un bien emprunté ou volé à son propriétaire, et il fera réparation pour tout tort qu'il aura fait subir à la personne ou aux biens d'autrui.

La seconde condition est que chaque homme s'abstiendra de faire subir à autrui quoi que ce soit que la justice lui interdit ; ainsi, il s'abstiendra de tout vol, brigandage, incendie criminel, meurtre, ou de tout autre crime envers la personne ou les biens d'autrui.

Pourvu que ces conditions soient remplies, les hommes demeurent en paix et devraient demeurer en paix les uns avec les autres. Dès que l'une de ces conditions est violée, les hommes entrent en guerre. Et nécessairement ils demeureront en

NATUREL

guerre jusqu'à ce que la justice soit
rétablie.

Dans tous les temps, aussi loin
que l'histoire nous informe, partout
où les hommes se sont efforcés de
vivre en paix les uns avec les autres,
l'instinct naturel et la sagesse col-
lective de la race humaine ont
reconnu et prescrit, comme une
condition indispensable, l'obéis-
sance à cette obligation unique et
universelle : à savoir, *que chacun
doit se comporter avec honnêteté
envers tous les autres.*

Selon la maxime ancienne, tout
le devoir *légal* d'un homme envers
ses semblables se résume en cette
simple phrase : « *Vivre honnêtement, ne faire de tort à personne,
donner à chacun son dû.* »

En vérité, cette maxime tout
entière peut encore se réduire à ces
simples mots : *vivre honnêtement ;*
car vivre honnêtement, c'est ne
faire de tort à personne, et donner à
chacun son dû.

LE DROIT

II

Certes, l'homme a envers ses semblables beaucoup d'autres devoirs *moraux* ; ainsi il doit nourrir les affamés, vêtir ceux qui sont nus, abriter les sans-logis, soigner les malades, protéger ceux qui sont sans défense, aider les faibles et éclairer les ignorants. Mais ce sont là simplement des devoirs *moraux*, pour lesquels chaque homme demeure le seul juge capable de décider, pour lui-même, dans chaque cas particulier, si, comment et jusqu'à quel point il peut ou veut les accomplir. Il en est autrement de ses devoirs *légaux* — ceux qui consistent à se conduire honnêtement envers ses semblables : sur ce point, ses semblables ont non seulement le *droit* de le juger, mais, pour leur propre protection, ils en ont le *devoir*. Et, s'il le faut, ils ont le droit de l'*obliger* à accomplir ses devoirs légaux ; ce qu'ils pourront faire soit individuellement, soit de concert. Ils le feront soit à l'instant même, si

la situation l'exige, soit après délibération et de façon systématique,
s'ils le jugent bon, et si la situation
le permet.

III

Quoique tout un chacun —
chaque homme, ou groupe d'hommes, à égalité avec tout autre — ait
le droit de repousser l'injustice et
de se faire justice à soi-même, et de
faire justice à tous ceux qui se sont
trouvés lésés, néanmoins, afin
d'éviter les erreurs qui résultent
parfois de la hâte et de la passion, et
afin que tout homme qui le désire
ait le moyen d'assurer sa protection
sans avoir à recourir à la force, il est
évidemment désirable que les
hommes s'associent — pourvu que
cette association soit libre et volontaire — pour assurer la justice
parmi eux, et se garantir mutuellement protection contre les malfaiteurs extérieurs. Il est également
extrêmement désirable qu'ils se
mettent d'accord sur un plan ou un

système de procédure judiciaire qui, dans le jugement des différends, assure la prudence, la délibération, une enquête minutieuse et, autant que possible, l'absence de toute influence extérieure, hors le simple désir de faire justice.

Or, de telles associations ne seront justes et désirables que dans la mesure où elles sont purement volontaires. Nul ne peut être légitimement obligé, contre son gré, à adhérer à une telle association, ou à la soutenir. Son propre intérêt, son propre jugement, sa propre conscience seuls détermineront l'individu à adhérer, ou non, à une association, et à celle-ci plutôt que celle-là. Si un homme choisit, pour la protection de ses droits, de ne dépendre que de lui-même, et de l'assistance volontaire que d'autres personnes pourraient lui offrir librement en cas de besoin, il en a parfaitement le droit. Et cette attitude devrait lui apporter une sécurité raisonnable, pourvu que lui-même manifeste l'empressement ordinaire que les hommes, en pareil cas, montrent à se porter à l'aide et à la défense des personnes lésées ; et pourvu que lui-même « se comporte honnêtement, ne fasse tort à personne, et donne à chacun son dû ». Car un tel homme a de bonnes raisons de croire qu'il trouvera toujours des amis et défenseurs en cas de besoin, qu'il adhère ou non à une association.

Il est certain qu'en toute justice nul ne peut être contraint d'adhérer à une association dont il ne désire pas la protection, ni contraint de soutenir une telle association. De même, en justice et en raison, on ne saurait attendre d'aucun homme qu'il rejoigne ou soutienne une association dont il pense que les buts et les méthodes ne seront pas propres à atteindre l'objectif qu'elle prétend viser, à savoir maintenir la justice sans pour autant commettre elle-même l'injustice. Rejoindre ou soutenir une association qu'il juge inefficace serait absurde. Rejoindre ou soutenir une association qu'il croit capable de commettre elle-même l'injustice serait criminel. Par conséquent, il faut qu'on lui laisse la liberté d'adhérer, ou non, à une association créée à cet effet, exactement comme on lui laisse la liberté d'adhérer, ou non, à toute autre association, selon ce que lui dictent son intérêt, son jugement ou sa conscience.

Une association de protection mutuelle contre l'injustice est comme une association mutuelle de protection contre l'incendie ou le naufrage. Il n'y a pas plus de raison d'*obliger* quiconque à rejoindre ou soutenir une de ces associations contre son gré, son jugement ou sa conscience, qu'il n'y en a de l'obliger à rejoindre toute autre association dont les avantages — à supposer qu'il y en ait — ne lui font pas envie, ou dont il n'approuve pas les buts et les méthodes.

NATUREL

IV

On ne saurait faire objection à ces associations volontaires en arguant que leur ferait défaut cette connaissance de la justice, comme science, qui leur serait nécessaire pour maintenir la justice et éviter de commettre elles-mêmes l'injustice. L'honnêteté, la justice, le Droit naturel, tout cela est habituellement une affaire très simple et facile, aisément comprise des esprits ordinaires. Ceux qui veulent savoir ce qu'il en est, dans chaque cas particulier, n'ont habituellement pas à aller loin pour le trouver. Il est vrai qu'il faut l'apprendre, comme toute autre science. Mais il est vrai aussi qu'il est très facile de l'apprendre. Quoique aussi illimitée dans ses applications que les relations et rapports infinis qui se nouent entre les hommes, la science de la justice est néanmoins constituée d'un petit nombre de principes simples et élémentaires, principes dont la vérité et l'équité sont perçues presque intuitivement par chaque esprit ordinaire. Et la plupart des hommes ont la même perception de ce qui constitue la justice, ou de ce qu'exige la justice, lorsqu'ils comprennent de la même façon les faits dont il leur faut tirer leurs inférences.

Quand même ils le voudraient, parce qu'ils vivent en contact les uns avec les autres et entretiennent des relations, les hommes *ne pourraient pas éviter* d'apprendre une grande partie du Droit naturel. Les rapports entre les hommes, leurs possessions séparées et leurs besoins individuels, et la disposition qu'a chaque homme d'exiger avec insistance ce qu'il considère comme son dû et de réprouver et repousser toute intrusion dans ce qu'il considère comme son droit, tout cela oblige à chaque instant son esprit à se poser la question : est-ce juste ? est-ce injuste ? cette chose est-elle mienne ? ou bien est-elle à lui ? Or, ce sont là les questions du

Droit naturel ; questions auxquelles, dans la grande majorité des
cas, l'esprit humain répond partout
de la même façon.

Les enfants apprennent très tôt
les principes fondamentaux du
Droit naturel. Ainsi, ils comprennent très tôt qu'il ne faut pas
qu'un enfant, sans bonnes raisons,
frappe ou lèse un autre enfant ; ni
qu'il exerce un contrôle ou une
domination arbitraires sur un autre
enfant ; ni que, par force, tromperie ou vol, il prenne possession d'un
bien quelconque appartenant à un
autre enfant ; et que, si un enfant
commet un de ces méfaits à l'égard
d'un autre, non seulement l'enfant
lésé a le droit de résister, et, s'il le
faut, de punir le malfaiteur et l'obliger à réparation, mais que c'est
aussi le droit et le devoir moral de
tous les autres enfants, et de toutes
les autres personnes, de se porter à
l'aide de la partie lésée, en défendant ses droits et en redressant les
torts qu'elle a subis. Ce sont là des
principes fondamentaux du Droit

naturel, qui gouvernent les transactions les plus importantes de l'homme avec l'homme. Or les enfants les apprennent avant même d'apprendre que trois et trois font six, ou que cinq et cinq font dix. Même leurs jeux puérils ne pourraient se faire sans un constant respect de ces principes ; il est de la même façon impossible pour des personnes de quelque âge que ce soit de vivre ensemble dans la paix si ces principes ne sont pas respectés.

Il ne serait pas extravagant de soutenir que, dans la plupart des cas, sinon tous, l'humanité dans son ensemble, jeunes et vieux, apprend ce Droit naturel bien avant d'apprendre le sens des mots par lesquels nous le décrivons. En vérité, il serait impossible de leur faire comprendre le sens réel des mots si les hommes n'avaient pas d'abord compris le sens de la chose elle-même. Leur faire comprendre le sens des mots justice et injustice avant qu'ils ne connaissent la nature de ces choses elles-mêmes serait aussi impossible que de leur faire comprendre le sens des mots chaud et froid, humide et sec, lumière et obscurité, blanc et noir, un et deux, avant qu'ils ne connaissent la nature de ces choses elles-mêmes. Il faut nécessairement que les hommes connaissent les sentiments et les idées, non moins que les objets matériels, avant de connaître le sens des mots par lesquels nous les décrivons.

CHAPITRE II
La science de la justice
(suite)

I

Si la justice n'est pas un principe naturel, elle n'est pas un principe. Si elle n'est pas un principe naturel, elle n'existe simplement pas. Si la justice n'est pas un principe naturel, alors tout ce que les hommes ont dit et écrit sur la justice, depuis les temps immémoriaux, a été dit et écrit sur un objet qui n'existe pas. Si la justice n'est pas un principe naturel, tous les appels à la justice qui ont jamais été entendus, toutes les luttes pour la justice qui ont jamais été vues ont été des appels et des luttes pour une chose purement imaginaire, une fantaisie de l'imagination, non pour une réalité.

Si la justice n'est pas un principe naturel, l'injustice n'existe pas non plus ; et tous les crimes qui ont été commis sur cette terre n'ont aucunement été des crimes mais de simples événements, comme la pluie qui tombe ou le coucher du soleil ; événements dont les victimes n'ont pas plus de raisons de se plaindre qu'elles n'en auraient de la course des fleuves ou de la croissance de la végétation.

Si la justice n'est pas un principe naturel, les gouvernements (comme on les appelle) n'ont pas plus de droit ni de raison d'en connaître, ou de prétendre ou professer en connaître, qu'ils n'en ont de connaître, ou de prétendre ou professer connaître de tout autre objet inexistant ; et lorsqu'ils font profession d'établir la justice, ou de maintenir la justice, ou de prendre en compte la justice, ce ne sont là que balivernes d'imbéciles ou fraudes d'imposteurs.

Si au contraire la justice est un principe naturel, alors c'est nécessairement un principe immuable ; et qui ne peut pas davantage être changé — par un pouvoir inférieur à celui qui l'a établi — que ne peuvent l'être la loi de la gravitation ou celle de la lumière, les principes des mathématiques, ou tout autre principe naturel ou loi naturelle quels qu'ils soient ; et toutes les tentatives ou prétentions, de la part de n'importe quel homme ou groupe d'hommes — qu'ils prennent le nom de gouvernement ou tout autre nom — pour remplacer la justice par leur propre pouvoir, volonté, plaisir ou jugement dans le règlement de la conduite de qui que ce soit, sont une absurdité, une usurpation et une tyrannie, aussi grandes que s'ils s'efforçaient d'établir leur propre pouvoir, volonté, plaisir ou jugement à la place de l'une quelconque des lois physiques, mentales et morales de l'univers.

II

S'il existe un principe de justice, c'est de toute nécessité un principe naturel ; et comme tel, il est matière à science : on peut l'apprendre et l'appliquer comme toute autre science. Prétendre y ajouter ou ôter par une législation est exactement aussi faux, absurde et ridicule que si on prétendait par la législation ajouter ou ôter à la mathématique, la chimie ou toute autre science.

III

S'il existe un principe de justice, toute la législation dont la race humaine tout entière est capable ne saurait rien ajouter ou ôter à sa suprême autorité. Et toutes les tentatives de la race humaine, ou de toute portion de cette race, pour ajouter ou ôter quoi que ce soit, en quelque cas que ce soit, à la suprême autorité de la justice, n'obligent pas davantage un seul individu que ne le fait le vent qui passe.

IV

S'il existe un principe de justice, ou de Droit naturel, c'est le principe ou la Loi qui nous dit quels droits furent accordés à chaque être humain à sa naissance ; et par conséquent quels droits, parce qu'il lui sont inhérents en tant qu'être humain, lui resteront nécessairement acquis tout au long de sa vie ; droits qu'on peut bien piétiner, mais qu'on ne saurait effacer, éteindre, annihiler, ou séparer ou éliminer de sa nature en tant qu'être humain ; qu'on ne saurait davantage priver de l'autorité ou de l'obligation qui leur sont inhérentes.

En revanche, s'il n'existe pas de principe de justice ou de Droit naturel, dès lors chaque être humain est venu au monde entièrement privé de droits ; venant au monde privé de droits, il faut nécessairement qu'il demeure tel pour toujours. Car si nul, en naissant, n'amène au monde aucun droit, il est clair que personne n'aura jamais aucun droit qui lui soit propre, et n'accordera jamais aucun droit à quiconque. La conséquence en serait que l'humanité n'aurait jamais aucun droit ; parler de leurs droits, ce serait, de la part des hommes, parler de ce qui n'a jamais eu d'existence, qui n'en aura jamais, et qui ne pourra jamais en avoir.

V

S'il existe un principe de justice, ce principe est nécessairement la loi la plus haute, et par conséquent la loi unique et universelle pour toutes les matières où elle est naturellement applicable. Par conséquent, toute législation humaine n'est jamais qu'une simple prise d'autorité et de domination, sans qu'existe aucun droit à l'autorité ou à la domination. Ce n'est donc jamais qu'une intrusion, une absurdité, une usurpation et un crime.

D'autre part, s'il n'existe pas de principe naturel de justice, alors il n'existe pas non plus d'injustice. S'il n'existe pas de principe naturel d'honnêteté, il n'y a pas non plus de malhonnêteté ; et aucun acte de force ou de fraude commis par un homme contre la personne ou les biens d'un autre homme ne pourra jamais être dit injuste ou malhonnête ; ne pourra faire l'objet d'une plainte ; ou ne pourra être interdit ou puni en tant que tel. Bref, s'il n'existe pas de principe de justice, il n'existe pas non plus de crimes ; et toutes les prétentions des gouvernements, ou de ce qu'on appelle ainsi, professant que s'ils existent, c'est, en tout ou en partie, pour punir ou prévenir les crimes, sont des prétentions à exister pour la punition ou la prévention de ce qui n'a jamais existé et n'existera jamais. De telles prétentions sont donc l'aveu que, pour ce qui regarde les crimes, les gouvernements n'ont pas lieu d'exister ; qu'ils n'ont rien à faire et qu'il n'y a rien qu'ils puissent faire. Ils sont l'aveu que les gouvernements existent pour la punition et prévention d'actes qui sont, par leur nature, de pures impossibilités.

NATUREL

VI

S'il existe dans la nature un principe de justice, un principe d'honnêteté, des principes que nous
décrivons par les mots « le mien »
et « le tien », des principes des
droits naturels de l'homme sur sa
personne et ses biens, dès lors nous
avons une loi immuable et universelle ; une loi que nous pouvons
apprendre, comme nous apprenons
toute autre science ; une loi qui sur-
passe et exclut tout ce qui est en
conflit avec elle ; une loi qui nous
dit ce qui est juste et ce qui est
injuste, ce qui est honnête et ce qui
ne l'est pas, ce qui est mien et ce qui
est tien, ce que sont mes droits sur
ma personne et mes biens et ce que
sont les tiens sur ta personne et tes
biens, et où passe la limite entre
tous mes droits et entre tous les
tiens, et entre chacun des miens et
chacun des tiens. Cette loi est la loi
suprême et partout la même dans le
monde entier, dans tous les temps
et pour tous les peuples ; et elle sera

la même loi unique et suprême dans tous les temps et pour tous les peuples, aussi longtemps qu'il y aura des hommes sur terre.

Mais si, en revanche, il n'existe dans la nature aucun principe de justice, aucun principe d'honnêteté, aucun principe réglant les droits naturels de l'homme sur sa personne et ses biens, alors les mots justice et injustice, honnêteté et malhonnêteté, tous les mots tels que « le mien » et « le tien », tous les mots qui signifient que tel objet est la propriété de tel homme et que tel autre objet est la propriété de tel autre ; tous les mots qui sont utilisés pour décrire les droits naturels de l'homme sur sa personne et sur ses biens, ou pour décrire les injustices et les crimes ; tous ces mots devraient être exclus de toutes les langues humaines comme n'ayant pas de sens ; et il faudrait déclarer, une fois pour toutes, que les plus grands coups de force et les plus grandes fraudes sont désormais la loi suprême et unique qui gouverne

les relations des hommes entre eux ;
et que, dorénavant, on laissera
toutes les personnes ou groupes de
personnes — ceux qui se donnent le
nom de gouvernements comme les
autres — libres de pratiquer entre
eux tous les coups de force et toutes
les fraudes dont ils sont capables.

VII

S'il n'existe pas de principe de
justice, il ne saurait exister de
science du gouvernement ; et tout
ce que le monde verra jamais, en
fait de gouvernement légitime, c'est
toute la rapacité et la violence par
laquelle, dans tous les temps et chez
toutes les nations, un petit nombre
de scélérats se sont conjurés pour
obtenir le pouvoir sur le reste des
hommes, les ont réduits à la pauvreté et à l'esclavage, et ont établi
ce qu'ils appellent des gouvernements dans le but de les conserver
dans la sujétion.

LE DROIT

VIII

S'il existe dans la nature un principe de justice, c'est nécessairement le seul principe *politique* qui ait jamais été ou qui sera jamais. Tous les autres principes qu'on appelle politiques, principes que les hommes ont l'habitude d'inventer, ne sont aucunement des principes. Ce sont ou de pures vantardises de simples d'esprits, qui imaginent avoir découvert quelque chose de mieux que la vérité, la justice et la loi universelle ; ou encore les ruses et les prétextes auxquels recourent des égoïstes et des scélérats pour obtenir la gloire, le pouvoir et l'argent.

CHAPITRE III
Droit naturel contre législation

I

Puisque le Droit naturel, la justice naturelle, est un principe naturellement applicable et propre au juste règlement de toutes les controverses qui pourraient survenir dans le genre humain; puisque, de plus, c'est le seul critère par lequel toute controverse entre humains puisse être légitimement réglée; puisque c'est un principe que chacun entend faire appliquer quand il s'agit de lui-même, qu'il soit ou non désireux de l'appliquer aux autres; puisque enfin c'est un principe immuable, partout et toujours le même, dans tous les temps et chez toutes les nations; un principe qui s'impose avec évidence dans tous les temps et tous les lieux ; un principe si entièrement impartial et équitable envers tous ; si indispensable à la paix de l'humanité en tous lieux ; si essentiel pour le salut et le bien-être de chaque être humain ; principe, de plus, si aisément appris, si généralement connu, et si facilement conservé par les associations volontaires que tous les honnêtes gens peuvent facilement et légitimement former à cet effet ; ce principe étant tel donc que je l'ai dit, la question se pose : pourquoi ne prévaut-il pas universellement, ou presque universellement ? Comment se fait-il qu'il n'ait pas été établi depuis bien longtemps et dans le monde entier comme la seule et unique loi à laquelle il est légitime d'obliger tout homme, ou tous les hommes, à obéir ? Comment se fait-il qu'un être humain a jamais pu concevoir qu'un objet aussi évidemment superflu, faux, absurde et abominable que la législation devait être ou pourrait être de quelque utilité pour le genre humain, ou avoir quelque place dans les affaires humaines?

II

La réponse à cette question est que, tout au long de l'époque historique, chaque fois qu'un peuple a dépassé l'état sauvage et appris à accroître ses moyens de subsistance en cultivant la terre, un nombre d'hommes plus ou moins grand, parmi ce peuple, s'est associé et organisé en bande de brigands, pour dépouiller et asservir tous les autres, qui avaient accumulé un peu de bien qu'on pouvait leur ravir, ou avaient montré, par leur travail, qu'on pourrait les obliger à contribuer à l'entretien ou au plaisir de ceux qui allaient les asservir.

Ces bandes de voleurs, d'abord en petit nombre, ont accru leur pouvoir en s'unissant les unes aux autres, en inventant des armes et une discipline guerrières, en perfectionnant leur organisation pour en faire une armée et en divisant entre eux leur butin (y compris les prisonniers), soit selon une proportion convenue d'avance, soit selon les ordres des chefs (toujours désireux d'augmenter le nombre de leurs clients).

Ces bandes de voleurs n'eurent pas de peine à réussir, pour la raison que ceux qu'ils dépouillaient et asservissaient étaient comparativement sans défense ; ils étaient dispersés dans le pays, entièrement occupés à tenter, grâce à un outillage grossier et par un rude labeur, de tirer leur subsistance du sol ; ils étaient dépourvus d'armes de guerre autres que des bâtons et des pierres ; ils ignoraient la discipline ou l'organisation militaires, et n'avaient pas le moyen de concentrer leurs forces ou d'agir de concert, lorsqu'ils étaient soudainement attaqués. Dans ces conditions, la seule solution qui leur restait pour sauver au moins leur vie ou celle de leurs enfants était de céder non seulement les récoltes qu'ils moissonnaient et la terre qu'ils cultivaient, mais encore, comme esclaves, leurs personnes et leur famille.

Dès lors leur sort fut de cultiver pour d'autres, comme esclaves, la terre qu'ils avaient autrefois cultivée pour eux-mêmes. Comme ils étaient constamment poussés à travailler, la richesse s'accroissait lentement ; mais tout allait aux mains de leurs tyrans.

Ces tyrans, qui ne vivaient que de rapines et du travail de leurs esclaves, et qui mettaient toute leur énergie à s'assurer d'autres proies et à asservir d'autres personnes sans défense ; qui, de plus, augmentaient en nombre, perfectionnaient leur organisation et multipliaient leurs armes de guerre, ces tyrans, dis-je, ont étendu leurs conquêtes jusqu'au point où, afin de garder ce qu'ils possèdent déjà, il leur est maintenant nécessaire d'agir systématiquement et de coopérer entre eux pour maintenir leurs esclaves en sujétion.

Ce qui ne se peut faire qu'en

LE DROIT

établissant ce qu'ils appellent un gouvernement, et en faisant ce qu'ils appellent des lois.

Tous les grands gouvernements de la terre — ceux qui existent aujourd'hui comme ceux qui ont disparu — ont eu ce caractère. Ce ne sont que de simples bandes de voleurs qui se sont associés dans le but de dépouiller, conquérir et asservir leurs semblables. Leurs lois, comme ils les appellent, ne sont pas autre chose que les pactes qu'ils ont jugé utile de conclure entre eux afin de maintenir leur organisation, de se concerter pour dépouiller et asservir les autres, et assurer à chacun la part de butin qui a été convenue.

Toutes ces lois n'obligent pas plus que ne le font les pactes que les brigands, bandits et pirates jugent nécessaire de conclure entre eux pour perpétrer plus facilement leurs crimes et partager plus paisiblement leur butin.

Ainsi donc, fondamentalement, toute la législation du monde a pour origine la volonté d'une classe d'hommes de dépouiller et d'asservir les autres *et d'en faire sa propriété.*

III

Avec le temps, la classe des voleurs, ou propriétaires d'esclaves — qui s'était emparée de toutes les terres, et possédait tous les moyens de créer de la richesse — commença à comprendre que la manière la plus facile de gérer ses esclaves et d'en tirer profit n'était *pas*, comme autrefois, de les posséder séparément, chaque propriétaire ayant autant d'esclaves comme autant de têtes de bétail ; qu'il valait mieux leur donner juste assez de liberté pour leur imposer, à ces esclaves, la responsabilité de pourvoir à leur propre subsistance, et cependant les obliger à vendre leur travail à la classe des propriétaires terriens — leurs anciens maîtres — dont ils recevraient en échange juste ce que ceux-ci voudraient bien leur donner.

LE DROIT

Bien entendu, puisque ces esclaves libérés (comme certains les ont appelés à tort) n'avaient ni terre ni autre propriété, ni aucun moyen de subsistance, ils n'avaient d'autre choix, s'ils ne voulaient pas mourir de faim, que de vendre leur travail aux propriétaires terriens, pour n'en recevoir en échange que les plus grossières nécessités de la vie ; et parfois encore pour moins que cela.

Ces esclaves libérés, comme on les appelait, étaient à peine moins esclaves qu'auparavant. Leurs moyens de subsistance étaient peut-être même encore plus précaires qu'autrefois, lorsque chacun avait son propriétaire, qui avait intérêt à le maintenir en vie. Ces anciens esclaves couraient le risque d'être renvoyés, chassés de leur maison, privés d'emploi, et même de la possibilité de gagner leur vie par leur travail, si tel était le caprice ou l'intérêt du propriétaire. Beaucoup étaient par conséquent réduits par la nécessité à mendier ou voler ou mourir de faim ; ce qui, bien entendu, menaçait les biens et la tranquillité de leurs anciens maîtres.

En conséquence, ces anciens propriétaires jugèrent nécessaire, pour la sécurité de leur personne et de leurs biens, de perfectionner encore leur organisation en tant que gouvernement, *et de faire des lois pour maintenir cette classe dangereuse dans la sujétion ;* par exemple, des lois fixant le prix auquel ils seraient forcés de travailler, et prescrivant des châtiments terribles, et même la mort, pour les vols et autres délits qu'ils étaient poussés à commettre, parce que c'était pour eux le seul moyen de ne pas mourir de faim.

Ces lois ont été appliquées pendant des siècles, et, dans certains pays, des millénaires ; elles sont encore appliquées aujourd'hui, avec une sévérité plus ou moins grande, dans presque tous les pays du monde.

Le but et les effets de ces lois ont

LE DROIT

été de conserver entre les mains de la classe des voleurs, ou propriétaires d'esclaves, un monopole sur toutes les terres, et, autant que possible, sur tous les autres moyens de créer la richesse ; et ainsi de maintenir la grande masse des travailleurs dans un état de pauvreté et de dépendance qui les oblige à vendre leur travail à leurs tyrans pour le salaire le plus bas qui puisse les garder en vie.

Il en est résulté que le peu de richesse qui existe dans le monde est tout entier entre les mains d'un petit nombre — dans les mains de la classe qui fait les lois et possède les esclaves ; classe qui est aujourd'hui tout aussi esclavagiste en esprit qu'elle l'était autrefois ; mais alors qu'autrefois chacun gardait ses propres esclaves comme autant de têtes de bétail, aujourd'hui cette classe accomplit ses desseins *par le moyen des lois qu'elle fabrique* pour maintenir les travailleurs en sujétion et dépendance.

Ainsi, la législation tout entière, qui aujourd'hui atteint des proportions si gigantesques, tire son origine des conspirations qui ont toujours existé dans le petit nombre en vue de maintenir le grand nombre dans la sujétion, de lui extorquer son travail et tous les profits de son travail.

Les motifs réels et l'esprit qui fondent toute législation — en dépit de tous les prétextes et déguisements dont ils tentent de se couvrir — sont les mêmes aujourd'hui qu'autrefois et toujours. Tout le but de la législation est simplement de maintenir une classe d'hommes dans la subordination et la servitude au profit d'une autre classe d'hommes.

IV

Dès lors, qu'est-ce donc que la législation ? C'est la prise, par un homme seul ou un groupe d'hommes, d'un pouvoir absolu, irresponsable, sur tous les autres

LE DROIT

hommes qu'ils réussiront à soumettre. C'est la prise, par un
homme ou un groupe d'hommes,
du droit de soumettre tous les
autres hommes à leur vouloir et à
leur service. C'est la prise, par un
homme ou un groupe d'hommes,
du droit d'abolir d'un trait tous les
droits naturels, toute la liberté
naturelle des autres hommes ; de
faire de tous les autres hommes
leurs esclaves ; de dicter arbitraire-
ment à tous les autres hommes ce
qu'ils peuvent faire ou non ; ce
qu'ils peuvent avoir, ou non ; ce
qu'ils peuvent être, ou non. C'est,
en un mot, la prise du droit de
bannir de la terre le principe des
droits de l'homme, le principe
même de la justice, et de mettre à la
place leur propre volonté, plaisir et
intérêt personnel. Tout cela, rien
de moins, est inhérent à l'idée
même qu'il peut exister une législation humaine qui obligerait ceux à
qui elle est imposée.

TABLE DES MATIÈRES

Préface 9

Outrage à chefs d'Etat ... 29

Le Droit naturel 167

Ce volume,
le troisième
de la collection « Iconoclastes »
publiée aux Editions Les Belles Lettres
a été achevé d'imprimer
par l'Imprimerie Paillart à Abbeville
en décembre 1990.

N° d'éditeur : 2809
N° d'imprimeur : 7838
Dépôt légal : décembre 1990.